독자의 1초를 아껴주는 정성!

세상이 아무리 바쁘게 돌아가더라도
책까지 아무렇게나 빨리 만들 수는 없습니다.
인스턴트 식품 같은 책보다는
오래 익힌 술이나 장맛이 밴 책을 만들고 싶습니다.

길벗이지톡은 독자여러분이
우리를 믿는다고 할 때 가장 행복합니다.
나를 아껴주는 어학도서,
길벗이지톡의 책을 만나보십시오.

독자의 1초를 아껴주는
정성을 만나보십시오.

미리 책을 읽고 따라해본 2만 베타테스터 여러분과
무따기 체험단, 길벗스쿨 엄마 2% 기획단,
시나공 평가단, 토익 배틀, 대학생 기자단까지!
믿을 수 있는 책을 함께 만들어주신 독자 여러분께 감사드립니다.

홈페이지의 '독자마당'에 오시면
책을 함께 만들 수 있습니다.

(주)도서출판 길벗 www.gilbut.co.kr
길벗 이지톡 www.eztok.co.kr
길벗 스쿨 www.gilbutschool.co.kr

— 스크린 영어 리딩 —

어벤져스
에이지 오브 울트론

스크린 영어 리딩 – 어벤져스 : 에이지 오브 울트론
Screen English Reading – Avengers - Age of Ultron

초판 발행 · 2019년 10월 30일

번역 및 해설 · 박민지
발행인 · 이종원
발행처 · (주)도서출판 길벗
브랜드 · 길벗이지톡
출판사 등록일 · 1990년 12월 24일
주소 · 서울시 마포구 월드컵로 10길 56(서교동)
대표전화 · 02)332-0931 | **팩스** · 02)323-0586
홈페이지 · www.gilbut.co.kr | **이메일** · eztok@gilbut.co.kr

기획 및 책임편집 · 신혜원(madonna@gilbut.co.kr) | **디자인** · 최주연
제작 · 이준호, 손일순, 이진혁 | **영업마케팅** · 김학흥, 장봉석
웹마케팅 · 이수미, 최소영 | **영업관리** · 김명자, 심선숙 | **독자지원** · 송혜란, 홍혜진

편집진행 · 김해리 | **전산편집** · 연디자인 | **CTP 출력** · 예림인쇄 | **인쇄** · 예림인쇄 | **제본** · 예림바인딩

- 책 내용에 대한 문의는 길벗 홈페이지(www.gilbut.co.kr) 고객센터에 올려 주세요.
- 잘못된 책은 구입한 서점에서 바꿔 드립니다.

ISBN 979-11-979-11-6050-882-6 03740 (길벗 도서번호 301021)
정가 14,000원

이 도서의 국립중앙도서관 출판예정도서목록(CIP)은 서지정보유통지원시스템 홈페이지(http://seoji.nl.go.kr)와
국가자료종합목록 구축시스템(http://kolis-net.nl.go.kr)에서 이용하실 수 있습니다. (CIP제어번호 : CIP2019027908)
© 2019 MARVEL

독자의 1초까지 아껴주는 정성 길벗출판사

(주)도서출판 길벗 | IT실용, IT/일반 수험서, 경제경영, 취미실용, 인문교양(더퀘스트) **gilbut.co.kr**
길벗이지톡 | 어학단행본, 어학수험서 **gilbut.co.kr**
길벗스쿨 | 국어학습, 수학학습, 어린이교양, 주니어 어학학습 **gilbutschool.co.kr**

페이스북 · www.facebook.com/gilbuteztok | 네이버 포스트 · http://post.naver.com/gilbuteztok
유튜브 · https://www.youtube.com/gilbuteztok

— 스크린 영어 리딩 —

MARVEL
어벤져스
에이지 오브 울트론

번역·해설 **박민지**

길벗
이지:톡

영어 고수들은 영화를 읽는다!

영어 고수들이 추천하는 영어 학습법, 원서 읽기

'원서 읽기'는 영어 고수들이 가장 강력하게 추천하는 영어 학습법입니다. 언어학자, 영어 교육자 할 것 없이 영어 고수들이 입을 모아 원서 읽기를 추천하는 이유는 무엇일까요? 첫째, '원서 읽기'는 간편합니다. 대화 상대가 있어야 연습이 가능한 영어회화와 비교하면, 원서 읽기는 책만 있으면 언제 어디서든 혼자서도 학습이 가능합니다. 스스로를 영어 환경에 노출시킬 수 있는 가장 간단한 방법이죠. 둘째, '원서 읽기'는 경제적입니다. 책 한 권만 있으면 독학이 가능합니다. 유명한 학원을 갈 필요도, 비싼 강의를 들을 필요도 없습니다. 내 수준과 취향에 맞는 책 한 권만 고르면 그 어떤 강의 부럽지 않은 효과를 낼 수 있습니다. 셋째, '원서 읽기'는 효과적입니다. 영어 문장을 꾸준히 읽다 보면 문장 구조를 자연스럽게 파악할 수 있습니다. 많은 문장을 접하면 나중엔 길고 복잡한 문장도 끊어읽기가 가능해지죠. 또한 상황을 머리에 그리며 단어를 익히기 때문에 단어의 어감을 확실히 익힐 수 있습니다. 기계적으로 문법과 단어를 외우는 것보다 훨씬 효과적입니다. 우리말과 마찬가지로 외국어 역시, 책을 많이 읽어야 어휘력과 독해력이 늘어나며 실력이 향상됩니다.

어떤 책을 읽어야 할까?

원서 읽기가 이렇게 좋은데, 정작 영어책 한 권을 완독했다는 사람을 찾기 힘
든 이유는 무엇일까요? 대부분의 경우 적절한 책을 선정하는 데 실패했기 때
문입니다. 원서 읽기에 도전하겠다고 호기롭게 고전 소설을 펼쳤다가 며칠도
안 돼 포기한 경험 한 번쯤 있으시죠? 우리말로 읽어도 난해한 소설을 영어
로 읽는 것은 애초에 성공할 확률이 아주 낮은 도전입니다. 낯설고 어려운 텍
스트로 공부하면 동기부여가 되지 않기 때문입니다. 생각만해도 스트레스가
쌓이죠. 읽으면서 즐거움을 느낄 수 있는 책을 찾는 것이 가장 중요합니다.

영어 독해 문제를 풀 때, 내가 알고 있는 정보가 나오면 독해가 쉽게 느껴졌
던 경험이 있나요? 내가 알고 있는 것, 배경지식이 있는 것은 영어로도 쉽게
읽히기 때문입니다. 그래서 원서 읽기를 한다면, 내가 아는 이야기로 하는 것
이 훨씬 도움됩니다. 스토리를 알고 있으니 문맥을 살피며 단어의 뜻을 유추
할 수 있습니다. 이 책은 마블 히어로 영화 〈어벤져스-에이지 오브 울트론〉
으로 원서 읽기를 할 수 있습니다. 마블 영화를 좋아하는 사람이라면 누구든
흥미롭게 학습할 수 있죠. 영화 장면을 떠올리며 읽으면 상황의 맥락과 단어
의 뉘앙스를 정확하게 파악하는 데 큰 도움이 될 것입니다. 영화의 감동을 원
서로 한 번 더 느껴보세요.

이 책의 구성

이 책은 본책과 워크북, 두 권으로 구성되어 있습니다. 원서의 내용을 담은 본책은 영한대역으로 구성했습니다. 워크북은 어려운 단어와 표현의 해설을 담았습니다.

— 본책 —

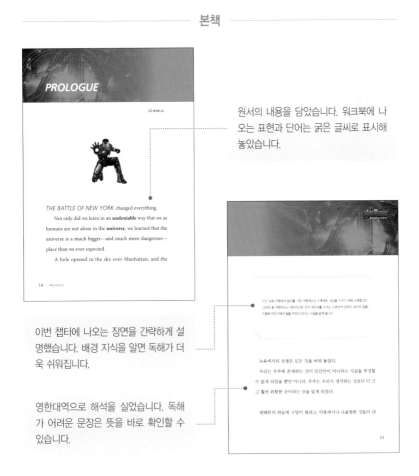

원서의 내용을 담았습니다. 워크북에 나오는 표현과 단어는 굵은 글씨로 표시해 놓았습니다.

이번 챕터에 나오는 장면을 간략하게 설명했습니다. 배경 지식을 알면 독해가 더욱 쉬워집니다.

영한대역으로 해석을 실었습니다. 독해가 어려운 문장은 뜻을 바로 확인할 수 있습니다.

워크북

원서의 단어 뜻을 실었습니다. 쪽수가 표기되어 있어 간편하게 찾아볼 수 있습니다.

어려운 표현 설명을 실었습니다. 배경 지식이나 관용어구를 중심으로 설명했습니다.

이 책의 학습법

자신에게 맞는 학습법을 찾는 것이 가장 좋지만, 어떻게 학습해야 할지 감이 잡히지 않는다면 영어 수준에 맞춘 학습법을 추천해드립니다.

■ 내 수준 체크하기

내가 어느 정도 수준인지 잘 모르겠다면, 한 챕터를 골라 눈으로 읽어보세요. 10~30% 해석되면 초급, 반 정도 해석되면 중급, 70% 이상 해석되면 고급 수준입니다.

■ 초급자라면 워크북부터 학습해보세요

원서를 읽기 전에 단어 뜻을 눈으로 훑어보세요. 모르는 단어에는 체크를 해둡니다. (절대 단어를 외우려고 하지 마세요.) 단어 뜻을 대강 익혔다면 본격적으로 원서를 읽습니다. 해석을 먼저 읽고 내용을 파악해두면 영문 읽기가 훨씬 수월합니다. 정해진 분량을 학습한 후 다시 워크북으로 돌아가 단어를 다시 쭉 훑어보세요. 아까 체크한 단어들이 확실하게 각인되었을 것입니다.

■ 중고급자라면 원서부터 읽어보세요.

중고급자라면 먼저 원서를 쭉 읽어보세요. 막히는 부분이 있어도 해석과 단어 뜻을 보지 말고, 문맥으로 의미를 유추하며 계속 읽습니다. 다시 봐도 이해되지 않는 구문과 단어는 워크북을 참고하세요. 단어를 따로 체크해놓았다가 다음날 학습하기 전에 복습하는 것, 잊지 마세요.

캡틴 아메리카 스티브 로저스

제2차 세계 대전 당시, 나라에 도움이 되기 위해 군대에 지원하지만 허약한 몸이 결격사유가 되어 수차례 입대를 거부당한다. 슈퍼 솔져 프로젝트에 자원하여 인간의 한계를 뛰어 넘은 초인 병사로 거듭나며 그토록 염원하던 전쟁에 참전한다.

아이언맨 토니 스타크

억만장자이자 천재 발명가, 무기 제조사 '스타크 인더스트리'의 CEO 이다. 적의 공격으로 심장에 치명상을 입지만, 목숨을 지킬 수 있는 슈트를 만들어 기사회생한다. 이 일을 계기로 무기 만드는 것을 그만두고 '아이언맨'으로 거듭난다.

블랙 위도우 나타샤 로마노프

구 소련 스파이 출신으로 코드네임은 '블랙 위도우'이다. 제2차 세계 대전 중 러시아에서 신체 개조를 받아 강한 신체 능력을 갖게 되었다. 현재는 국제평화유지기구 쉴드(S.H.I.E.L.D)의 요원으로 활동 중이다.

헐크 브루스 배너

감마선을 연구하는 과학자였으나, 실험 도중 감마선에 노출되어 거대한 녹색 괴물 '헐크'가 되었다. 평소엔 브루스 배너 박사의 모습이지만, 화가 나면 어마어마한 파괴력을 가진 헐크로 변신한다.

토르 토르 오딘슨

우주 먼 곳에 존재하는 '아스가르드'라는 행성의 왕자이자 천둥의 신이다. 천둥과 번개를 사용할 수 있는 능력이 있으며 '묠니르'라는 망치가 주무기이다.

호크아이 클린트 바튼

초능력은 없지만, 그를 상쇄할 만한 궁술와 격투술을 겸비하고 있다. 쉴드의 요원으로 활동하다가 어벤져스의 일원이 된다.

울트론

토니와 브루스에 의해 탄생한 인공지능 로봇. 전 세계 모든 데이터에 접근할 수 있으며, 지구의 평화를 가져오는 방법이 인류를 파괴하는 것이라고 믿는다.

스칼렛 위치, 퀵실버 완다 맥시모프, 피에트로 맥시모프

히드라의 인간 실험의 결과로 막강한 초능력을 갖게 된 쌍둥이 남매. 토니에 대한 복수심을 갖고 있다가 울트론을 만난다.

목차

PROLOGUE

📖 워크북 p2

THE BATTLE OF NEW YORK changed everything.

Not only did we learn in an **undeniable** way that we as humans are not alone in the **universe**, we learned that the universe is a much bigger—and much more dangerous— place than we ever expected.

A hole opened in the sky over Manhattan, and the

지난 뉴욕 전투에서 승리를 거둔 어벤져스는 이후에도 세상을 지키기 위해 노력합니다.
그러던 중 어벤져스는 테러리스트 조직 히드라를 이끄는 스트러커 남작이 로키의 창을
이용해 어딘가에서 일을 꾸미고 있다는 사실을 알게 됩니다.

뉴욕에서의 전쟁은 모든 것을 바꿔 놓았다.

우리는 우주에 존재하는 것이 인간만이 아니라는 사실을 부정할
수 없게 되었을 뿐만 아니라, 우주는 우리가 생각하는 것보다 더 크
고 훨씬 위험한 곳이라는 것을 알게 되었다.

맨해튼의 하늘에 구멍이 열리고, 악몽에서나 나올법한 것들이 내

stuff **nightmares** are made of **descended. Monstrous** aliens, called Chitauri, **zipped through the air** on flying **chariots** and **blasted** crowds with their **devastating** lasers. Worse than this, the Chitauri brought with them flying giant whale like Leviathans, **seemingly** impossible beasts that **wreaked destruction** in ways we never could have imagined. While the people of Earth **witnessed** the greatest evil they'd ever known, they also experienced their greatest hope.

On that day, Earth's **Mightiest** Heroes found themselves **united** against a common **threat.** The Avengers were born, brought together to fight **foes** that no single hero could **withstand.** Captain America, a man who had **served** his nation at a time when its **freedom** was **threatened,** once again **risked his life** to stop **tyranny.** The Hulk, a hunted and **despised** beast, protected those who hated him—**defended** a world that had never defended him. Thor, a prince from another **dimension, battled** for a planet and a people that were not his own.

려왔다. 치타우리족이라고 불리는 괴물 같은 외계 생물체가 하늘을 나는 전차를 타고 공중을 가로지르며 사람들에게 치명적인 광선을 쏘아댔다. 더 심각한 것은 치타우리족이 리바이어던이라 불리는 고래처럼 생긴 거대 비행 생물체를 데리고 왔는데, 그 강력한 괴물은 우리가 전혀 상상하지도 못한 파괴력으로 피해를 주었다. 지구에 사는 사람들은 가장 강력한 적을 목격했지만, 가장 위대한 희망도 경험했다.

그날, 지구에서 가장 강력한 영웅들이 위협에 맞서기 위해 한자리에 모였다. 어떤 영웅도 혼자서는 맞설 수 없는 적들과 싸우기 위해 어벤져스가 결성되었다. 자유가 침해되던 시절, 국가를 위해 복무한 캡틴 아메리카가 다시 한번 외계의 침략을 막기 위해 목숨을 걸었다. 쫓기고 멸시당하던 괴물 헐크는 한 번도 그를 지켜준 적 없는 세상과 그를 미워하던 사람들을 지켰다. 다른 차원에서 온 왕자 토르는 그와 상관없는 사람들과 행성을 위해 싸웠다.

Hawkeye, at the time a **loyal** S.H.I.E.L.D. agent, struck back against Thor's evil brother, Loki, who had **enslaved** his mind. Black Widow, a **mysterious** spy, showed that her **loyalties** could never be **doubted**.

And Iron Man—a **playboy** born of **privilege** who once made **weapons**—flew a **nuclear** missile through a **doorway** in space to an **untold** corner of the universe. Tony Stark, the man inside the **armor**, had enough money that he could have hidden himself in a **bunker**—could have turned his back on **humanity** and let it burn. But he did not. He **risked** everything, and **barely emerged** with his life.

The Avengers saved us all. And they didn't stop trying to save us.

Stark **defied** an international terrorist **organization** run by the Mandarin, and as a result was hit by a missile **strike** on his own home. Missing, and for a while **presumed** dead, Iron Man **reemerged** to **combat** the now super powered terrorists, **destroy** their plans, and save the

그 당시 쉴드*의 충성스러운 요원이었던 호크아이는 그의 정신을 지배한 토르의 사악한 동생 로키에게 반격했다. 비밀 스파이 요원인 블랙 위도우는 의심의 여지가 없는 충성심을 보였다.

그리고 한때 무기를 만들던 특권층의 바람둥이 아이언맨은 우주의 출입구를 통해 광활한 우주의 한구석으로 핵미사일을 날렸다. 슈트를 입은 남자, 토니 스타크는 벙커에 숨어 살 수 있는 충분한 돈이 있어 인류를 배반하고 불타버리게 놔둘 수도 있었지만, 그는 그렇게 하지 않았다. 그는 모든 위험을 무릅썼고, 간신히 목숨을 건졌다.

어벤져스는 우리 모두를 구했다. 그리고 그들은 우리를 구하기 위한 노력을 멈추지 않았다.

스타크는 만다린이 운영하는 국제 테러리스트 조직에 저항해 그 결과로 그의 자택은 미사일 공격을 받았다. 실종 혹은 한동안 사망한 것으로 추정된 아이언맨은 강력한 테러리스트들과 싸우기 위해 다시 나타나 그들의 계획을 망가트리고, 암살 시도로부터 미국 대

---

* **쉴드** : 위협으로부터 지구를 보호하고, 평화를 유지하는 기관으로
Strategic Homeland Intervention, Enforcement and Logistics Division의 줄임말

president of the United States from **assassination**.

When the next alien attack came to the planet, it came not to New York, but to Greenwich, England. A **race** known as the Dark Elves, led by Malekith, appeared above the city in a **spaceship** the size of a **skyscraper**. Malekith came not just to **wipe out** Earth, but also to use a **substance** known as the Aether to re-create the universe with his species at the center. But Thor battled Malekith and his soldiers long enough for his human friends to **banish** the Dark Elves forever.

After all these **assaults**, it was shocking to be attacked from within. We always believed that S.H.I.E.L.D. existed to defend us. However, Captain America and Black Widow discovered that Hydra, a terrorist organization with **roots** in WWII, had long ago **infiltrated** the **international security** organization at its very **foundation**.

When the evil **federation** attempted to use S.H.I.E.L.D. Helicarriers to destroy thousands of **potential adversaries**, Captain America was there. He battled at great cost to save

통령을 구했다.

또 다른 외계 생물체가 지구를 공격하러 왔을 때 그 괴물은 뉴욕이 아닌 잉글랜드 그린위치로 왔다. 말레키스가 지휘하는 다크 엘프로 알려진 종족들은 고층 건물만 한 우주선을 타고 도시 위에 나타났다. 말레키스는 단지 지구를 없애기 위해 온 것이 아니라 에테르라는 물질을 이용해 우주를 그의 종족 중심으로 재건하기 위해 왔다. 그러나 토르가 말레키스와 그의 군인들과 오랜 시간 동안 싸워 지구에 있는 친구들은 다크 엘프들을 영원히 내쫓을 수 있었다.

이 모든 공격 이후, 내부로부터 공격을 받은 것은 충격이었다. 쉴드는 항상 우리를 지켜 주기 위해 존재한다고 믿었다. 하지만 제2차 세계 대전 때 정착한 테러리스트 조직 히드라가 설립 시점부터 국제 보안 기구에 잠입했었다는 사실을 캡틴 아메리카와 블랙 위도우가 알아냈다.

그 악당 조직이 수천 명의 잠재적인 적을 없애기 위해 쉴드의 헬리케리어를 이용하려 했을 때 캡틴 아메리카가 그곳에 있었다. 그는 막대한 대가를 치르며 전 세계 사람들을 구하기 위해 싸웠다.

people around the world.

S.H.I.E.L.D., as an organization, was **shredded**—untrusted by the world. While pockets of agents still worked in the shadows to help **humankind**, the once powerful **operation** was **reduced** to a few small, loyal **strike forces**.

Without S.H.I.E.L.D., Tony Stark and Dr. Bruce Banner, the man who could **transform** into the Hulk, began the long work of creating an advanced **defense** system that could save humanity from future attacks—a system that could **potentially** become the most important **technology** ever created.

Stark, at his own personal **expense**, transformed New York's Stark Industries building into the Avengers Tower. It was a **symbol** of hope for all who saw it—a symbol for the Avengers, in the very city where they had stopped an alien army.

The tower served as a base of operations where the Avengers, either **separately** or as a team, could run

쉴드 조직은 전 세계 사람들의 신뢰를 잃고 산산조각이 났다. 일부 요원들은 여전히 인류를 돕기 위해 어둠 속에서 일했고, 한때 강력했던 조직은 소수의 충직한 기동 타격대로 축소되었다.

토니 스타크와 헐크로 변신 가능한 브루스 배너 박사는 쉴드 없이 미래의 공격으로부터 인류를 구할 첨단 방어 시스템, 즉 지금까지 만들어진 것 중 어쩌면 가장 중요한 기술이 될지도 모르는 시스템을 만드는 긴 작업을 시작했다.

스타크는 사비를 들여 뉴욕의 스타크 인더스트리 빌딩을 어벤져스 타워로 바꾸었다. 그 타워는 바라보는 사람들에게 희망의 상징이었으며 외계 군단을 막은 그 도시에서 어벤져스를 상징했다.

타워는 어벤져스가 개별적으로든 팀으로든 임무를 수행할 수 있는 작전 기지 역할을 했다.

missions. It is where Thor came when he discovered a dangerous secret....

The longtime Hydra leader, Baron Strucker, had **acquired** Loki's **extremely** powerful scepter, and was out there, **somewhere**, laying plans.

Based on this knowledge, the Avengers **banded together** and searched for Baron Strucker's secret **location** by **systematically** attacking and **dismantling** known Hydra bases around the world.

Base after base fell, but never one with Strucker inside.

Until one night …

그곳은 토르가 위험한 비밀을 알아내고 온 장소이기도 했다….

히드라의 오랜 지도자인 스트러커 남작은 로키의 엄청나게 강력한 창을 획득해 그 밖 어딘가에서 일을 꾸미고 있었다.

이 정보를 토대로 어벤져스는 단결하여 전 세계에 알려진 히드라의 기지를 체계적으로 공격하고 해체시키며 스트러커 남작의 비밀 장소를 수색했다.

기지가 차례로 무너졌지만, 어느 기지에도 스트러커는 없었다.
어느 날 밤까지는….

CHAPTER 1

📖 워크북 p6

NIGHTTIME ON THE MOUNTAIN was beautiful.

Moonlight shone across deep **snowdrifts**. A **majestic** forest of ancient **pines** stood over an **idyllic valley**, and the **landscape**'s **slope** led to an **ancient** stone **fortress**. Painters would dream of capturing this scene on canvas—without the small security webcams **mounted** everywhere,

어벤져스는 히드라의 비밀 기지를 알아내 차례로 무너뜨립니다. 어벤져스는 숨겨진 기지 속에서 스트러커가 실험을 하고 있었다는 것을 알게 되고, 그들 앞에 정체를 알 수 없는 쌍둥이가 나타납니다.

산속의 밤은 아름다웠다.

달빛은 높이 쌓인 눈더미를 가로지르며 비추었다. 전원적인 골짜기에는 장엄하고 오래된 소나무 숲이 무성했고, 이 지대의 비탈길은 고대의 석조 요새로 이어졌다. 화가라면 이 풍경을 캔버스에 그리길 꿈꿀 것이다. 물론 사방에 설치된 작은 보안용 웹 카메라들은 제외하고 말이다.

of course.

Sensors on camera 53-B **detected** a **slight** movement and **activated** work lights to power on across the grounds. The fortress's gates opened **simultaneously** and **released** a flurry of tanks and **troop** transports into the woods! This was a Hydra fortress, one of the last ones standing, and the organization was going to defend itself to the very end.

❶With the element of surprise clearly **blown**, Tony Stark, inside his Iron Man armor, called out a battle cry to the rest of his team…

…and the Avengers **assembled**!

Iron Man's highly specialized lasers, called repulsors, blasted down from the sky, battering the lead Hydra tank. Captain America's motorcycle **screamed** as it charged **enemy** troops who were jumping out of their transports into the woods. As Hydra soldiers continued to **pour out** of the fortress, a flying war hammer **swooped** out of the sky and **bowled over** several of them before returning to the hands of its owner.

53-B 카메라 센서가 미세한 움직임을 감지하고는 바닥에 늘어선 작업등의 전원을 켰다. 그와 동시에 요새의 문이 일제히 열렸고 탱크와 군대 수송선이 숲속으로 잇따라 쏟아져 나왔다! 이곳은 마지막으로 남은 히드라의 요새 중 하나였고, 히드라 조직은 끝까지 방어할 생각이었다.

기습이 들통났음에도 불구하고, 아이언맨 슈트 안에 있는 토니 스타크는 나머지 팀원들을 향해 함성을 질렀다….

그리고 어벤져스가 모였다!

리펄서라고 불리는 아이언맨의 고도로 특수화된 레이저가 하늘에서 떨어져 선두에 있는 히드라의 탱크를 박살 냈다. 캡틴 아메리카의 오토바이는 수송기에서 뛰어내리는 적군을 숲으로 몰아넣으며 굉음을 냈다. 히드라의 군인들이 요새에서 계속 쏟아져 나오자, 전투 망치가 하늘에서 날아와 적군 여럿을 쓰러뜨리고는 주인의 손으로 되돌아갔다.

Enemies in powerful mecha-suit exoskeletons fired **lethal** blasts into the woods at Thor, but missed.

One Hydra driver brought his jeep around, trying to get in **range of** the Avengers, when his door was suddenly **ripped** open and Black Widow kicked him **aside**. She jumped behind the wheel and took control of the vehicle.

Bright blue laser fire began **showering** the Avengers from above. Some Hydra troops **stationed** in tree **platforms** were firing Chitauri weapons that the organization had **rounded up** during the **aftermath** of the Battle of New York. They were more powerful than any similar-sized weapons ever created on Earth, and their destruction was being **unleashed** on the Earth's Mightiest Heroes.

But not for long!

One of the firing soldiers felt a THUNK as an arrow hit the ground at his feet. He **sneered**. The Avengers thought they could use arrows against alien **blasters**? But this wasn't a simple arrow! It **exploded, knocking** the soldier **out** of the tree.

강력한 메카 슈트 원격 제어복을 입은 적들이 토르가 있는 숲으로 강력한 폭탄을 발사했지만 빗나갔다.

히드라의 한 일원이 지프차를 끌고 와 어벤져스의 사정거리 안으로 들어가려는데, 갑자기 차 문이 뜯기며 열렸고 블랙 위도우가 그를 옆으로 차버렸다. 그녀는 운전석으로 뛰어올라 차를 제어했다.

위에서 밝고 푸른 레이저가 어벤져스에게 쏟아져 내리기 시작했다. 나무 연단에 주둔하고 있던 일부 히드라 부대가 뉴욕 전투 후에 조직이 모은 치타우리족의 무기를 발사하고 있었다. 이 무기들은 지구에서 만들어진 그 어떤 비슷한 크기의 무기보다 더 강력했고, 지구에서 가장 강한 영웅들에게 발사되고 있었다.

하지만 오래가지는 않았다!

한 발포병이 그의 발이 닿은 지면에 화살이 탁 하고 부딪히는 것을 느꼈다. 그는 비웃었다. '어벤져스는 활로 외계 무기를 막을 수 있다고 생각하는 건가?' 하지만 그것은 단순한 화살이 아니었다! 화살은 폭발했고, 그 군인은 나무 밖으로 나가떨어졌다.

Across the **battlefield**, Hawkeye smiled at the blast as he unleashed more shots. Just then, Thor flew down out of the sky, **slamming into** the other platform and smashing it to **smithereens**!

The Avengers were making major **headway** against Hydra, but the enemy soldiers were **confident**. They had **vastly superior** numbers, and they had a row of tanks. There were only a handful of Avengers.

But then the Hulk **showed up**.

He landed like a bomb, **pounding** a crater into the ground. Hulk **slipped** in the snow, and **accidentally** smashed into a tank, **obliterating** it.

Then he started smashing **on purpose**. And that's when the Hydra army began to lose their **certainty**.

Iron Man, seeing Hulk **tearing** through the heart of the Hydra defenses, turned his attention to the fortress, flying straight at it. He had almost reached its central building when—BASH!—he slammed into an **invisible barrier** and **crashed into** the ground! Stark shouted in

호크아이는 전장으로 더 많은 화살을 쏘았고 폭발을 보며 미소를 지었다. 바로 그때, 토르가 하늘에서 날아와 다른 나무 연단에 세게 충돌했고 산산조각을 내버렸다.

어벤져스는 히드라에 맞서 상당한 진척을 보였지만, 적군은 자신감이 넘쳤다. 그들은 수적으로 상당히 우세했고, 줄지은 탱크도 있었다. 그에 비해 어벤져스는 고작 몇 명 되지 않았다.

하지만 그때 헐크가 나타났다.

그는 땅에 큰 구멍을 내며 폭탄처럼 착지했다. 헐크는 눈에 미끄러져 의도치 않게 탱크와 부딪혔고, 그것을 박살 냈다.

그 후엔 의도적으로 때려 부수기 시작했다. 그리고 그때부터 히드라 군대는 확신을 잃기 시작했다.

히드라의 방어시설 중심부를 부수는 헐크를 본 아이언맨은 요새로 시선을 돌려 그곳을 향해 곧장 날아갔다. 아이언맨이 중앙 기지에 거의 도달했을 때 그가 보이지 않는 장벽에 쾅! 하고 부딪히곤 바닥에 충돌했다! 스타크는 어벤져스 통신망 '콤스'를 통해 고통에 차 소리를 질렀다.

pain over the "comms," the Avengers communications network.

"Language, Stark," **scolded** Cap at the sound of the **profanity**. "What's the view from upstairs?"

Jarvis, the **artificial intelligence** that assisted the Avengers with real-time **tactical** support, **instantly analyzed** the area around the fortress and **focused on** what caused Iron Man's crash.

"It **appears** that central building is **protected** by some kind of energy **shield**," reported Jarvis over the comms.

"Then Loki's scepter is here," said Thor as he landed in a circle of Hydra exoskeletons. The Hydra suits jumped on him, but he battled them back **with ease**. "Strucker couldn't **possibly** mount that kind of barrier without the energy of the scepter. **At long last** …"

❷ "'At long last' is lasting a little long, boys," said Widow as she jumped from the jeep she was driving and into another one **filled with** enemies. She fought all the troops in the vehicle by herself.

"말 조심해야지, 스타크." 욕하는 소리를 들은 캡이 나무랐다. "자비스, 위에서 보는 상황은 어때?"

실시간 전술 지원으로 어벤져스를 돕는 인공지능 자비스는 즉각 요새 주변 지역을 분석하고 아이언맨의 추락 원인에 집중했다.

"중앙 기지는 일종의 에너지 방어막으로 보호되고 있는 것으로 보입니다." 자비스가 통신망을 통해 전했다.

"그럼 로키의 창이 여기에 있겠군." 토르가 원격 제어복을 입은 히드라 무리의 중심에 착륙하며 말했다. 특수 슈트를 착용한 히드라들이 토르에게 달려들었지만, 토르는 그들을 가볍게 물리쳤다. "그 창의 에너지 없이 스트러커는 저런 장벽을 세울 수 없어. 마침내…."

"아직 '마침내'라고 하긴 일러." 운전하던 지프차에서 뛰어내려 적군으로 가득 찬 또 다른 차로 들어가며 위도우가 말했다. 그녀는 지프차 안에 있는 모든 적군을 혼자 상대했다.

Hawkeye, from a firing position in the trees, **agreed** with Widow. "We need to **finish** this up. ❸Stark, heads up! You've got **reinforcements** running out of the **exterior** fortress **staircases**."

Iron Man looked up to see that Hawkeye was right. The new troops started blasting at him, so he returned fire with his repulsors.

"Wait a second," said Iron Man. "Is no one going to **deal with** the fact that Cap just **warned** me about my bad language?"

"I know," said Cap as he **leapt** from one of the Hydra jeeps, **grabbing** on to a tree **branch** to swing away as the vehicle crashed **head**-on into another tree. "It just **slipped out**."

Meanwhile, inside the fortress, Baron Strucker bounded into the **command center**. "Who gave the order to attack?" he **demanded**.

"Herr Strucker ... it's the Avengers!" shouted one

나무 사이에서 활을 쏠 자세를 취하던 호크아이도 위도우의 말에 동의했다. "우린 이 싸움을 끝내야 해. 스타크, 조심해! 요새 외부 계단에서 지원군들이 나오고 있어."

아이언맨은 호크아이의 말이 맞는지 보기 위해 고개를 들었다. 새로 온 적군들이 그를 향해 폭격을 가하기 시작하자, 아이언맨은 리펄서 레이저로 적군들에게 폭격을 되갚았다.

"잠깐만." 아이언맨이 말했다. "지금 캡이 내가 욕한 것에 대해 경고했는데 아무도 반응이 없네?"

"나도 알아." 나무와 정면충돌하는 히드라의 지프차에서 뛰어내린 캡이 나뭇가지에 매달린 채 멀어지며 말했다. "나도 모르게 튀어나왔어."

한편, 요새 안에서는 스트러커 남작이 지휘 본부로 성큼성큼 걸어 들어갔다. "누가 공격 명령 내렸어?" 그가 따져 물었다.

"스트러커 씨… 어벤져스가 쳐들어왔습니다!" 겁에 질린 한 군

terrified soldier in response.

Dr. List, Strucker's right-hand man, explained. "They landed in the far woods. The **perimeter guard spotted** them and **panicked**."

"They have to be after the scepter," said Strucker, turning back to the soldier. "Can we hold them?" he asked.

The soldier, **horrified**, just **blurted out**, "They're the Avengers!"

Strucker **frowned**. His troops were **clearly** afraid of the Americans.

"**Deploy** the rest of the tanks," he **commanded** the scared soldier. ❶"Concentrate fire on the weak ones. A hit may make them close ranks."

Strucker turned to List. "This threatens all we've **accomplished** here."

"Then let's show them what we've accomplished," said List. "Send out the twins."

Strucker shook his head. "It's too soon."

"It's what they signed up to do," List **reminded** him.

인이 대답하며 소리쳤다.

스트러커의 오른팔인 리스트 박사가 설명했다. "어벤져스가 숲 속에 착륙했습니다. 보초가 그들을 발견하고는 겁에 질렸어요."

"놈들은 창을 노리는 거야." 스트러커가 군인에게 등을 돌리며 말했다. "어벤져스를 막을 수 있겠나?" 그가 물었다.

겁에 질린 군인이 불쑥 말했다. "저들은 어벤져스잖습니까!"

스트러커가 얼굴을 찡그렸다. 그의 부대는 명백히 그 미국인들을 두려워하고 있었다.

"나머지 탱크를 내보내." 스트러커가 겁에 질린 군인에게 명령 했다. "제일 약한 놈을 집중 사격해. 한 놈이 당하면 녀석들이 뭉칠 거다."

스트러커는 리스트에게 시선을 돌렸다. "여기에서 우리가 이루 어 놓은 것들이 위험해지겠어."

"그럼 우리의 연구를 보여주죠." 리스트가 말했다. "쌍둥이를 내 보내요."

스트러커가 고개를 저었다. "너무 일러."

"그게 그들의 임무잖아요." 리스트가 그에게 상기시켜 주었다.

Strucker looked up at a security feed of the Avengers bettering his troops and considered what List said.

"I have heavy **artillery** deploying from the **flanks**," Jarvis **notified** the Avengers over comms.

"**Echelon** formation," noted Cap, **recognizing** the battlefield **tactics** Hydra was **employing**. "They're trying to **squeeze** us, guys."

"It's working," noted Widow as she **wrestled** a Hydra **trooper** to the ground. Looking up, she was surprised to see a Hydra tank roll up on her position and **take aim**. There was no way it would miss her. This was it. This was the end for her.

BAM! Just as the tank fired, the Hulk landed right in front of the **barrel**. He **roared** as the blast slammed into his back. He **absorbed** the tank fire, protecting Widow.

Widow made eye contact with the green goliath and listened to him roar. "Yeah, how do you think I feel?" she asked in **response**.

스트러커는 어벤져스가 그의 군대와 싸우고 있는 감시카메라 화면을 올려다보며 리스트가 한 말을 생각해 보았다.

"측면에 많은 대포가 배치되어 있습니다." 자비스가 콤스를 통해 어벤져스에게 알렸다.

"제차 대형이야." 캡이 히드라가 쓰고 있는 전장 전술을 파악해 알렸다. "우리를 한곳에 몰아넣으려는 거야."

"효과는 있네." 위도우가 히드라의 포병과 바닥에서 몸싸움을 벌이며 말했다. 블랙 위도우가 고개를 들자 히드라의 탱크가 그녀를 향해 굴러오며 조준하고 있었고 그녀는 깜짝 놀랐다. 피할 방도가 없었다. 그게 다였다. 그녀의 마지막이었다.

펑! 탱크가 발포되자마자 헐크가 탱크의 포신 바로 앞에 착지했다. 폭발이 등을 강타하자 헐크가 소리를 질렀다. 그가 충격을 흡수해 블랙 위도우를 보호했다.

위도우는 녹색 괴물과 눈을 마주치며 그가 포효하는 것을 들었다. "그래, 내 기분이 어떨 것 같아?" 그녀가 반문했다.

Behind Hulk, Thor **landed on** the tank and took it out with one hammer strike.

"This is all a **distraction**. We need to get to the scepter," shouted Thor. Then he said—quietly, as if talking to himself—"and end my brother's **legacy**."

"Working on it," said Iron Man as he continued to battle the reinforcements on the stairs.

"We're **attracting** attention from the **civilians**," noted Jarvis.

"All right," said Iron Man, "send in the Iron **Legion**."

* * *

Sokovia, a small Eastern European country, had known **hardship**, **poverty**, **famine**, and war. The **villagers** down the mountain from the Hydra base had heard the **explosions** and seen the fires and were growing **frantic**. Was war returning?

People came out from the safety of **shelter** and collected around the **village square**, some grabbing whatever weapons were at hand, fearing that they might

헐크 뒤에서 토르는 탱크에 착지해 망치 한 방으로 탱크를 격퇴했다.

"이건 모두 방해물이야. 우리는 로키의 창을 찾아야 해." 토르가 소리친 다음, 마치 혼잣말하듯 조용히 말했다. "그리고 내 동생이 남긴 일을 끝내자."

"노력 중이야." 아이언맨이 지원을 나온 적들과 계단에서 계속 싸우며 말했다.

"우리가 시민들의 관심을 끌고 있습니다." 자비스가 알렸다.

"알겠어." 아이언맨이 말했다. "아이언 로봇을 투입해."

* * *

동유럽의 작은 나라, 소코비아는 고난, 가난, 기근, 전쟁을 겪고 있었다. 히드라의 기지가 있는 산 아래 마을 사람들은 폭발 소리를 듣고 총격을 보고선 커지는 걱정과 두려움으로 제정신이 아니었다. 다시 전쟁인가?

사람들은 안전 보호 구역에서 나와 마을 광장 주변에 모였고, 몇몇 사람들은 어떤 무기든 손에 잡히는 대로 잡고선 침략자들로부터 스스로를 다시 한번 방어해야 할지도 모른다는 두려움에 사로

have to once more defend themselves against **invaders**.

Suddenly, as a **mob** formed, four **drone** Iron Man armors with no pilots inside landed on the ground. This was Stark's Iron Legion, **robotically** controlled suits of armor **assigned** to tasks like guarding civilians.

"Please stay in your homes," **announced** the lead Iron Legionnaire. "We will do our best to **ensure** your safety during this **engagement**."

❺"The Avengers ..." **whispered** one of the village **elders**, an edge of anger in his voice. So many had come to Sokovia over the years, trying to **conquer** it—trying to **oppress** its people. Sokovians didn't trust anyone who came in **force**, not even these so called Super Heroes.

The angry villagers began to **rally** against the machines that tried to **control** them. Someone spray-painted **graffiti** on one, while someone else **threw** a bottle of acid on the lead Legionnaire. The **chemical** slowly ate away at the **faceplate**, **disfiguring** it. The Iron Legion stood still, absorbing the **abuse** that the villagers threw at them.

잡혔다.

갑자기 군중들이 모이자 무인 조종 아이언맨 드론 네 대가 땅에 착륙했다. 이 드론은 시민을 보호하는 임무를 맡은 자동으로 조종되는 슈트로 스타크의 아이언 로봇이었다.

"집 안에 머무르십시오." 아이언 로봇의 리더가 말했다. "저희는 이 전시 상황 동안 여러분의 안전을 확보하기 위해 최선을 다할 것입니다."

"어벤져스잖아⋯." 나직이 속삭이는 마을 어르신의 목소리에서 분노가 묻어났다. 많은 이들이 수년간 동유럽 소코비아를 정복하고, 소코비아 사람들을 탄압하려 했다. 소코비아인들은 무력을 동원해 오는 사람이라면 그 누구도 신뢰하지 않았고, 소위 슈퍼히어로 역시 마찬가지였다.

화가 난 마을 사람들이 그들을 통제하려는 기계에 맞서 집결하기 시작했다. 누군가는 스프레이로 낙서를 하고, 다른 누군가는 아이언맨 로봇의 리더에게 산성 물질이 있는 병을 던졌다. 그 화학 물질은 서서히 안면 금속판을 부식시켜 얼굴의 형체를 없앴다. 아이언 로봇은 마을 사람들이 던지는 욕설을 받아들이며 가만히 서 있었다.

Inside the fortress, Strucker addressed the **remaining** Hydra soldiers.

"We will not **yield**," he shouted. "The Americans send their circus **freaks** to test us, and we will send them back in boxes! No **surrender**!"

Hearing this, the nervous troops **perked up** hearing this, taking **courage** in Strucker's words. "No surrender!" they all shouted back at him, before **tumbling out of** the room to go join the fight.

As soon as they were gone, Strucker turned back to Dr. List, and said, "I'm going to surrender. **Delete** everything. If we give them the scepter, they may not look very far into what we were doing with it."

"But the twins ..." **interrupted** Dr. List.

"I told you, they're not ready to take on all of ..."

"No, I'm saying—the twins! They're gone!"

Strucker spun around **in alarm. Sure enough**, the **observation** cell where the twins were being held was **empty**.

요새 안에서 스트러커가 남은 히드라 군인들에게 말했다.

"우리는 물러서지 않는다." 그가 소리쳤다. "미국인들이 우릴 시험하려고 보낸 저 광대들을 상자에 넣어 돌려보내자! 항복은 없다!"

긴장하던 스트러커 부대는 이 말을 듣고 기운을 차렸고, 스트러커의 말에 용기를 냈다. "항복은 없다!" 전투에 참여하기 위해 방에서 우르르 나오기 전, 군인들 모두 스트러커를 향해 소리쳤다.

군인들이 모두 나가자, 스트러커는 리스트 박사 쪽으로 돌아서며 말했다. "난 항복할 거야. 모든 데이터를 삭제해. 우리가 로키의 창을 넘겨주면 그걸로 무엇을 했는지 깊이 파헤치진 않을 거야."

"하지만 쌍둥이가…." 리스트 박사가 끼어들었다.
"내가 말했잖아. 녀석들은 아직 준비가 안 됐어…."
"아니요, 제 말은 쌍둥이요! 녀석들이 사라졌어요."
스트러커는 놀라서 돌아섰다. 아니나 다를까, 쌍둥이가 갇혀있던 관찰실이 비어있었다.

"Oh no," whispered Strucker.

Outside the fortress's main building, Iron Man flew above a piece of **equipment**. "That's the shield **generator**, sir," Jarvis **confirmed** as he scanned the machine.

"Does the shield **extend underground**?" asked Iron Man.

"It's worth testing, sir," said Jarvis.

This was the perfect **opportunity** to test Stark's new "digger missiles." He fired, and the **projectiles** began to **burrow** into the ground **beneath** the energy shield.

Back in the forest, Hawkeye fired **arrows** at more troops. "They're on the run," he **observed**. But then he saw his arrows seemingly **disappear** before hitting their targets. "What … ?" he asked in **confusion**.

Then suddenly, **out of thin air**, a young man appeared in front of him. "You didn't see that coming, did you?" asked the Eastern European. Hawkeye **blinked, hesitating**. Where had this guy come from?

"이런." 스트러커가 나직이 말했다.

요새의 본진 밖에서 아이언맨이 한 장치 위로 날아갔다. "방어막 생성기입니다." 자비스는 그 기계를 스캔하며 확인했다.

"방어막이 지하에도 뻗어 있나?" 아이언맨이 물었다.

"시험해볼 만합니다." 자비스가 대답했다.

스타크의 새로운 '디거 미사일*'을 시험해 볼 수 있는 좋은 기회였다. 그가 미사일을 발사했고, 포탄이 에너지 방어막 아래의 땅속을 파고들기 시작했다.

한편 숲속에서는 호크아이가 더 많은 적들을 향해 화살을 쏘고 있었다. "저들이 도망치고 있어." 호크아이가 주시했다. 하지만 목표물에 맞기도 전에 화살이 사라지는 것을 그가 보았다. "뭐지…?" 그가 혼란스러운 듯 말했다.

그때 갑자기, 난데없이 한 청년이 호크아이 앞에 나타났다. "예상 못 했어?" 동유럽인이 물었다. 호크아이는 눈을 깜박이며 머뭇거렸다. 이 남자는 어디에서 온 거지?

★ **디거 미사일** : 땅을 팔 수 있는 미사일

In the **split-second** that Hawkeye hesitated, he lost focus. He didn't even see the Hydra soldier who **zapped** him with a Chitauri weapon.

"Aughh!" Hawkeye **howled** in pain, **crumpling** to the ground as the kid **zipped** away. He moved so fast that he was like a **blur** in the air. Faster than a **bullet train**, faster than a jet. It was … **impossible**.

"Clint!" shouted Black Widow, running to Hawkeye's side and **pulling out** a **med kit**. "Clint's hit," she told the others.

Cap raced **toward** Hawkeye's position, but the super-speeding man **intercepted** him, **knocking** him **into** a tree! Cap barely managed to land on his feet and **immediately** started scanning the area, looking for his attacker's **position**. But the man was gone.

"We have an **Enhanced** in the field," Cap shouted over the comms to the other Avengers. "Enhanced" was the **term** the team used for anyone who had super powers. A new Enhanced meant big trouble. How much trouble?

호크아이가 잠시 머뭇거리는 순간, 초점을 잃었다. 호크아이는 치타우리족의 무기로 자신을 제압하는 히드라 병사조차 보지 못했다.

"으악!" 그 청년이 휙 움직이자마자 호크아이가 땅바닥으로 쓰러지며 고통에 울부짖었다. 청년은 너무 빨리 움직여 희미한 형체만 보일 정도였다. 고속열차보다도, 제트기보다도 빨랐다. 그것은… 불가능했다.

"클린트!" 블랙 위도우가 소리치며 호크아이의 옆으로 달려와 구급상자를 꺼냈다. "클린트가 당했어." 그녀가 다른 이들에게 알렸다.

캡이 호크아이 쪽으로 급히 달려왔지만, 초고속의 그 청년이 캡틴 아메리카를 낚아채 나무쪽으로 나가떨어지게 했다! 간신히 땅에 발을 디딘 캡이 공격자의 위치를 찾아 그 주변을 즉시 수색했지만, 그 남자는 사라지고 없었다.

"강화된 자가 있다." 캡이 콤스를 통해 어벤져스에게 말했다. '강화된 자'는 어벤져스가 초능력을 가진 사람을 일컬을 때 사용하는 용어였다. 새로운 초능력자는 큰 문제를 의미했다. 얼마나 골치 아플까?

That could be anyone's guess.

"Getting yourself hit? What is this amateur hour stuff, Barton?" Widow said to the **wounded** Hawkeye, **teasing** her teammate. She tried to **lighten** the mood as she dressed his very serious **injury**.

Thor landed **nearby**, while Cap was still scanning for the new Enhanced.

"He's around here somewhere," Cap told Thor. "He's a blur of **motion**. With all the new players we've faced, I've never seen this. **In fact**, I still haven't."

"I'll get Barton to the jet," said Thor. "You and Stark **secure** the scepter."

"Roger that," confirmed Cap.

Stark's digger missiles **proved** very successful. They blasted out the force-shield generator, dropping the fortress's last defense. Iron Man flew straight into the **compound**'s main building. As soon as he landed, he was **surrounded** by guards pointing **rifles** at him.

그건 누구도 확실히 모르는 일이었다.

"지금 당한 거야? 완전 아마추어인데, 바튼?" 위도우는 다친 호크아이를 놀리며 말했다. 그녀는 그의 아주 심각한 상처에 붕대를 감으며 분위기를 띄우려 애썼다.

캡이 새로운 초능력자를 찾는 동안 토르는 그 주변에 착지했다.

"녀석은 여기 어딘가에 있어." 캡이 토르에게 말했다. "그 녀석 굉장히 빨라. 그동안 우리가 만난 놈들 중에서도 이런 녀석은 처음 봤어. 실은, 아직 못 봤지."

"내가 바튼을 퀸젯으로 데리고 갈게." 토르가 말했다. "자넨 스타크와 로키의 창을 찾아."

"알겠어." 캡이 답했다.

스타크의 디거 미사일은 성공적이었다. 미사일은 강력한 방어막 생성기를 폭파시켜 요새의 최후의 방어막을 무너뜨렸다. 아이언맨은 중심 건물 안으로 바로 날아갔다. 착륙하자마자 그는 소총을 겨누는 경비병들에게 둘러싸였다.

"Let's talk this over, boys," he said, raising his arms as if in surrender. As soon as his arms were up, guns rose from the shoulders of his armor and fired **nonlethal** stun shots into all but one of the guards, knocking them out.

"Good talk," Iron Man said to the **unconscious** guards, then he turned to the remaining standing guard, who **dropped** his gun and looked at Iron Man **fearfully**. "Where are the data banks?" Iron Man asked him.

The guard pointed the way.

After Iron Man knocked out the energy field, Cap **rushed** into the fortress and made his way to the command center to **confront** Strucker. "Where's Loki's scepter?" Cap demanded.

"Don't worry," **assured** Strucker. "I'll give you the precious scepter. I know when I'm beat. You'll mention how I **cooperated**, I hope?"

Cap **looked around** the room, noting the open cell that seem to have once **contained** human **subjects**. It was

"친구들, 이러지 말고 우리 대화로 풀자고." 아이언맨이 말하며 항복하듯 두 팔을 들어 올렸다. 그의 팔이 올라가자마자 슈트의 어깨 부분에서 총이 나와 한 명을 제외한 모두에게 전기 충격 총을 발사했고, 전부 쓰러뜨렸다.

"대화 즐거웠어." 아이언맨이 의식불명의 경비병들에게 말하고는, 총을 내린 채 아이언맨을 두려운 눈으로 바라보며 서 있는 남은 경비병 한 명에게 고개를 돌렸다. "데이터 뱅크는 어디에 있지?" 아이언맨이 그에게 물었다.

경비병이 손으로 방향을 가리켰다.

아이언맨이 에너지 방어막을 부순 후, 캡은 요새로 달려 들어왔고, 스트러커와 대결하기 위해 곧장 지휘본부로 향했다. "로키의 창은 어디에 있지?" 캡이 따져 물었다.

"걱정 마." 스트러커가 안심시키며 말했다. "그 귀중한 창은 네게 줄 거야. 내가 졌다는 걸 알거든. 내가 협조를 잘했다고 말해 주겠나?"

캡은 방안을 둘러보다 실험 대상인 사람들이 있었던 것으로 보이는 감방이 열려있는 것을 알아차렸다. 그가 우려한 대로였다.

just as he feared. The Enchanced they'd seen outside, the one who could run fast. The Baron must have **somehow** given him those powers through **experiments** with the energy from Loki's scepter.

"Sure, I'll **mention** you cooperated. It'll go right under the mention of **illegal** human experimentation," said Cap. "How many people did you work on here?"

❻Strucker couldn't help but smile as he saw, out of the corner of his eye, a young woman in the shadows behind Cap. It was the runner's **twin**. But she didn't have the same powers as her brother. No, she was very different.

"Oh, only a couple," said Strucker.

그들이 밖에서 보았던 엄청나게 빠른 초능력자. 스트러커는 로키의 창에서 나오는 에너지를 실험에 이용해 어떤 방법으로든 그 초능력자에게 그런 힘을 주었을 것이다.

"물론, 협조를 잘했다고 말해주지. 불법 생체 실험에 대한 언급 뒤에 덧붙여 줄게." 캡이 말했다. "여기에서 몇 명이나 실험했지?"

스트러커는 캡의 그림자 뒤에 가려진 젊은 여자를 곁눈질로 슬쩍 보고는 미소를 짓지 않을 수 없었다. 그녀는 빠르게 달리던 초능력자의 쌍둥이였다. 하지만 그녀는 자신의 오빠와 같은 힘을 가진 건 아니었다. 아니, 그녀는 매우 달랐다.

"오, 두 명뿐이었어." 스트러커가 대답했다.

CHAPTER 2

📖 워크북 p16

DR. LIST WORKED quickly at the data banks, deleting files as Baron Strucker had **instructed**. If the Avengers found out the details of the plan they'd been working on, Hydra's hopes at rising once again were in serious **jeopardy**.

"Hurry, hurry," **mumbled** the doctor as the computer

스트러커 남작은 리스트 박사에게 실험에 대한 모든 파일을 삭제하라고 지시하지만, 아이언맨이 이를 저지하여 모든 정보가 어벤져스 본부로 보내집니다. 한편 히드라의 기지를 수색하던 아이언맨과 캡틴 아메리카는 쌍둥이 초능력자를 만나 이상한 경험을 하게 됩니다.

리스트 박사는 스트러커 남작의 지시대로 파일을 삭제하며 데이터 뱅크에서 빠르게 작업했다. 그들이 그동안 작업해 온 계획의 세부사항을 어벤져스가 알게 된다면, 다시 한번 일어나려던 히드라의 희망은 심각한 위기에 처할 것이다.

"서둘러. 서둘러." 컴퓨터가 그의 명령을 처리하는 동안 박사가

processed his **commands**. He never saw the repulsor beam....

BAM! In a blast of light, List was left unconscious on the ground and Iron Man **strode** into the room. **Hunching** over the computer, he **canceled** the data **purge** and stuck a **handheld** Stark device into the side of the computer console.

"I want it all, Jarvis," said Iron Man to the AI. "And copy Maria Hill at **headquarters**."

As the files **transferred**, Iron Man searched the room with x-rays. "He's got to be hiding more than files in here...."

Sure enough, the scan showed a **seam** in one wall. "Oh! Please be a secret door," said Iron Man. "I love secret doors."

Iron Man pushed on the wall and it clicked open, **revealing** a **narrow passageway**. He tried to push his way through, but with his armor, he just wouldn't fit. "Armor— **sentry** mode," he commanded. The armor suddenly flew

중얼거리듯 말했다. 박사는 리펄서 광선을 보지 못했다….

펑! 빛의 폭발 속에서 리스트는 의식을 잃은 채 땅에 쓰러졌고 아이언맨이 방 안으로 성큼성큼 들어섰다. 그는 컴퓨터 위로 몸을 굽혀 데이터 삭제를 취소하고 휴대용 스타크 장치를 컴퓨터 계기반 한쪽에 꽂았다.

"모든 파일이 필요해, 자비스." 아이언맨이 인공지능 자비스에게 말했다. "모든 정보를 본부에 있는 마리아 힐에게 복사해줘."

파일이 전송되는 동안 아이언맨은 엑스레이로 방을 탐색했다. "스트러커는 여기에 파일 말고도 뭔가를 더 숨겨 놓았을 거야…."

아니나 다를까, 스캔으로 한쪽 벽에 경계가 있음을 감지했다. "제발 비밀 문이 있어라." 아이언맨이 말했다. "난 비밀 문이 좋아."

아이언맨이 벽을 밀자 철컥하는 소리와 함께 문이 열리며 좁은 통로가 드러났다. 아이언맨은 안으로 밀고 들어가려 했지만, 그의 슈트 때문에 통과할 수 없었다. "슈트를 보초 모드로." 그가 명령했다. 갑자기 슈트가 그에게서 날아가 몇 피트 떨어진 곳에서 재조립

off of him, **reassembling** a few feet away.

Now smaller, Tony slipped through the **passage** and descended a long stairway leading into **darkness**.

Back in the command center, Captain America, still facing Strucker, sensed the **presence** of the woman behind him. He turned, but she was already next to him, whispering into his ear. She was speaking in a **strange**, ancient-sounding language that seemed **familiar**, but somehow Cap's mind couldn't focus on the words.

The next thing he knew, Cap was in a **haze**. Images from his past **swirled** around him, and then everything went black.

When he next opened his eyes, the woman was gone. Who was this woman, and what had she done to him? Cap shook Strucker, asking, "What have you been doing here?"

"What we all try to do," mumbled Strucker. "**Improve** humanity …"

Cap spoke over the comms. "We've got a second

되었다.

이제 더 작아진 토니는 통로를 지나 어둠 속으로 이어진 긴 계단을 내려갔다.

한편 지휘본부에서 여전히 스트러커와 마주하고 있는 캡틴 아메리카는 자신의 뒤에 있는 여자의 존재를 직감했다. 캡틴 아메리카가 몸을 돌렸지만, 그녀는 이미 그의 옆에 와 귀에 대고 무언가를 속삭였다. 그녀는 낯설지만 익숙하게 느껴지는 고대어 같은 언어로 말했고, 어찌 된 일인지 캡의 마음은 그 언어에 집중할 수 없었다.

어느 틈엔가 캡은 몽롱한 상태에 빠지게 되었다. 그의 과거 장면들이 그의 주변을 빙글빙글 돌더니 모든 것이 깜깜해졌다.

다음에 그가 눈을 떴을 때 여자는 사라지고 없었다. 그 여자는 누구이고, 그녀는 그에게 무슨 짓을 한 걸까? 캡은 스트러커를 흔들며 물었다. "여기에서 무슨 짓을 하고 있었던 거야?"

"우리가 하려고 하는 일은" 스트러커가 중얼거렸다. "인류를 진보시킨다…."

캡이 통신기를 통해 말했다. "두 번째 초능력자가 있다. 여성. 이

Enhanced. **Female**. She appears to be some kind of …" He **trailed off**, trying to find a better way of **explaining** what had **happened** to him, but he couldn't. ❶"Some kind of a witch. Do not **engage** her!"

"If we can't be better than what the world made us," began Strucker, holding up a **grenade** and pulling the pin, "then …"

Cap didn't let Strucker finish. He **kicked** the Baron in the **chest**, causing him to lose the grenade. The hero grabbed the **explosive** in **midair**, then **tossed** it away against the far wall, where it exploded **harmlessly**.

Outside the fortress, Hulk ripped apart the last tank. Around him, the remains of the Hydra **garrison** lay in smoking **ruins**. The battle was over. With nothing left to smash, the beast began to **calm**. He **lumbered** away into the woods, his body already changing, **shrinking**. Finally, as he lay in the snow, transitioning to his human state, Black Widow **approached** him. She placed a **blanket** over

여자는 뭐랄까….” 그는 말을 흐리며 자신에게 무슨 일이 일어났는지 더 나은 방법으로 설명하려 했지만, 생각해낼 수 없었다. “일종의 마녀야. 그녀를 공격하지 마!”

“만약 세상이 우리를 만든 것보다 우리가 더 나아질 수 없다면” 스트러커는 말을 시작하며 수류탄을 들고 핀을 잡아당겼다. “그렇다면….”

캡은 스트러커가 말을 끝내지 못하게 했다. 그는 스트러커의 가슴을 발로 차 수류탄을 놓치게 했다. 그 영웅은 폭발물을 공중에서 움켜쥔 다음, 멀리 있는 벽에 던져 버렸고 수류탄은 아무런 피해 없이 폭발했다.

요새 밖에선 헐크가 마지막 탱크를 산산조각 내고 있었다. 그의 주변에는 히드라 수비대의 시체들이 까맣게 탄 잔해 속에 놓여 있었다. 전투는 끝이 났다. 더 이상 박살 낼 것이 없자 괴물은 진정하기 시작했다. 그는 숲속으로 느릿느릿 걸어갔고, 그의 몸은 이미 점점 줄어들며 변하고 있었다. 마침내 그가 눈 위에 누워 인간의 상태로 변하고 있을 때 블랙 위도우가 그에게 다가왔다. 그녀는 브루스 배너 박사로 변하고 있는 남자에게 담요를 덮어주었다.

the man he was becoming, Dr. Bruce Banner.

At the bottom of the darkened staircase, Tony entered a huge, **sprawling catacomb** that had been **converted** into a **cutting-edge** lab. He had never expected to find anything on this scale. Every **available** space was packed with weapons—tech, **biotech**, and even robotic engineering equipment.

Above it all, the skeleton of a Leviathan hung from the **ceiling**. It had been carefully **gathered** and pieced together like a **T. rex fossil** in a museum.

Tony was **mentally** cataloging everything when he spotted it—Loki's scepter. ❷The **talisman**, tubes and **cords** trailing off of it, was mounted on a **rack**.

"Thor?" Iron Man called out.

"The package has arrived," Thor **replied** over the comms, letting everyone know he'd reached the Quinjet with the **wounded** Hawkeye.

어둠침침한 계단 끝에서 토니는 최첨단 연구실로 개조된 거대하고 제멋대로 뻗어있는 지하 묘지로 들어갔다. 그는 이 정도 규모의 공간을 발견하리라곤 전혀 예상하지 못했다. 모든 공간이 무기, 기술, 생명공학 그리고 로봇 공학 장비들로 가득 차 있었다.

이 모든 것 위로 리바이어던의 뼈대가 천장에 매달려 있었다. 그것은 박물관에 있는 티라노사우루스 화석처럼 조심스럽게 모여 맞춰져 있었다.

토니가 로키의 창을 발견했을 때 그는 모든 것을 마음속으로 분류하고 있었다. 관과 끈이 매달려있는 신비로운 보물은 선반 위에 걸쳐져 있었다.

"토르?" 아이언맨이 불렀다.

"물건이 도착했어." 토르가 통신기를 통해 대답했고, 다친 호크아이와 퀸젯에 도착했음을 모두에게 알렸다.

Tony was about to report his **discovery** when he **startled** at the sight of a mysterious woman behind him. As she'd done with Cap, the woman whispered into Tony's ear, **pouring** in strange words. **In an instant**, the world went upside down for Tony…. He woke back up sometime later. How long had it been? Seconds? Minutes? Hours?

Hadn't there just been someone here? Someone who'd surprised him? He couldn't **remember**. He looked around, confused, and again saw the scepter… Then he remembered what he was doing. Running up to it, he **yanked** the cables off of it, and pulled it from its housing.

"I have the scepter," Tony reported.

Tony didn't see the balcony above, where, in the **shadows**, the woman watched. She and her twin brother had come to the Hydra base months before, **specifically** wishing that they might one day face their enemy—Tony Stark. The day had finally come.

The twins had gone through so much, **participating**

토니가 자신이 발견한 것을 보고하려던 순간, 그는 자신의 뒤에 있는 정체불명의 여자를 보고 깜짝 놀랐다. 그녀는 캡에게 했던 것처럼 토니의 귀에 대고 속삭이며 이상한 말을 쏟아냈다. 순식간에 토니의 세상이 뒤집혔다…. 얼마 후 그는 깨어났다. 얼마나 지났을까? 몇 초? 몇 분? 몇 시간?

방금 누군가 여기 있지 않았나? 누가 나를 놀라게 했었나? 그는 기억할 수 없었다. 그는 주변을 둘러보았고, 혼란스러워하며 다시 로키의 창을 보았다…. 그제서야 그는 자신이 무엇을 하고 있었는지 기억해냈다. 그는 달려가 전선을 잡아당겨 뜯어내고, 창을 보관함에서 뽑았다.

"창을 찾았어." 토니가 보고했다.

토니는 위쪽 발코니를 보지 못했는데 어둠 속에서 여자가 지켜보고 있었다. 그녀와 그녀의 쌍둥이 오빠는 몇 달 전에 히드라 기지에 왔고, 언젠가 그들의 적 토니 스타크와 마주할 수 있길 특별히 바라고 있었다. 그날이 마침내 왔다.

쌍둥이는 스트러커의 고통스러운 실험에 참여해 많은 것을 견뎠

in the Baron's **painful** experiments, and all for this!

The woman saw her brother speed to her side, arriving in a barely visible blur of motion. Looking down, he saw Stark **removing** Loki's scepter from the lab, and moved to stop him.

"No," said the woman, putting her arm out to **restrain** him. A **malevolent glee** jumped to her eyes as she watched Stark take the scepter from the room.

"Why did you let him take it?" asked her twin.

"Because he needs it," she replied.

"To do what?" he asked.

She just smiled.

The Avengers' Quinjet **soared** across the sky with Tony Stark in the pilot's seat. Behind him, one of the **passenger seats** had been laid back and converted into a **gurney**. Hawkeye was in **stable** condition, thanks to some of the most **advanced** medical equipment available.

Widow checked on Hawkeye again before turning to

고, 모두 이 순간을 위해서였다!

그녀는 거의 보이지 않을 정도의 흐릿한 움직임으로 오빠가 빠르게 다가오는 것을 보았다. 그가 아래를 내려다보자, 스타크가 연구실에서 로키의 창을 가져가고 있었고, 그를 막기 위해 움직였다.

"안 돼." 그녀가 오빠를 제지하기 위해 팔을 뻗었다. 스타크가 연구실에서 창을 가지고 가는 것을 보는 동안 악의에 찬 기쁨이 그녀의 눈에 서렸다.

"왜 가져가게 내버려 두는 거야?" 그녀의 쌍둥이 오빠가 물었다.

"왜냐면 그에겐 그게 필요하니까." 그녀가 대답했다.

"뭐 때문에?" 오빠가 물었다.

그녀는 그저 미소만 지었다.

어벤져스의 퀸젯은 토니 스타크를 조종석에 태운 채 하늘을 가로질러 치솟았다. 그의 뒤로는 조수석 하나가 뒤로 젖혀져 환자 이송용 들것으로 개조되어 있었다. 호크아이는 최첨단 의료 장비 덕분에 안정된 상태였다.

위도우는 호크아이를 다시 한번 살펴보고는 몸에 맞지 않는 티

look at Bruce Banner, sitting alone in an **ill-fitting** T-shirt, a blanket still **draped** over him. She approached him.

"How's my bright-eyed boy?" she asked.

"I wasn't expecting … to see the *other* guy today," Bruce replied.

"Well, you know how you get when people shoot at you," Widow replied in a joking tone.

"What happened after that?"

Widow knew what Bruce was asking. He never remembered what happened when the Hulk was **in charge of** his body, and he was always terrified at the thought of the pain and **misery** his other half might cause.

"If you hadn't been there, there would have been double the **casualties**," Widow replied honestly, then pointed at Hawkeye on the gurney. "And my best friend would be a **treasured** memory."

Bruce **grunted**, not sure if he believed her **account**.

"How long before you trust me?" asked Widow. Bruce **shivered** a little more, pulling the blanket closer. "It's not

셔츠를 입은 채 여전히 담요를 걸치고 혼자 앉아 있는 브루스 배너를 바라보았다. 그녀가 그에게 다가갔다.

"힘이 넘치는 아이는 좀 어때?" 그녀가 물었다.

"오늘 그 녀석이 나올 줄 몰랐어…." 브루스가 대답했다.

"음, 사람들이 당신에게 총을 쏘면 어떻게 되는지 알잖아." 위도우가 농담조로 말했다.

"그다음엔 무슨 일이 있었지?"

위도우는 브루스가 무엇을 묻는 건지 알고 있었다. 그는 헐크가 자신의 몸을 통제했을 때 어떤 일이 일어났는지 전혀 기억하지 못했다. 그리고 그의 다른 반쪽이 초래했을지도 모르는 고통과 처참함을 생각하며 항상 두려워했다.

"당신이 아니었으면 사상자가 두 배로 늘었을 거야." 위도우가 솔직하게 말하고는 들것에 누워있는 호크아이를 가리켰다. "그리고 내 가장 친한 친구는 소중한 추억이 되어 버렸겠지."

브루스는 그녀의 말을 믿어야 할지 확신하지 못하며 탄식했다.

"언제쯤 나를 믿어 줄래?" 위도우가 물었다. 브루스는 몸을 더 떨며 담요를 가까이 끌어당겼다. "내가 믿지 못하는 건 당신이 아

you I don't trust."

Widow put her hand on his, looking him in the eyes, but she **called out** to Thor behind her. "Thor, report on Hulk."

Thor replied **proudly**, "Ha! The gates of the **afterlife** are filled with the screams of his victims!"

Widow immediately shot Thor a look. That wasn't **exactly** what Bruce needed to hear right now.

"But, uh, not the screams of the dead," Thor **backpedaled**. "Wounded screams, mainly. **Whimpering**. A great roar of **complaining**, and tales of **sprained**, uh, **deltoids** … and … **gout** …"

Widow and Bruce shared a smile at the sound of the Asgardian's **awkwardness** before Tony called back to Bruce from the front of the jet. "Dr. Cho's on her way up from Seoul to treat Hawkeye. You OK if she sets up in your lab?"

"Sure," Bruce replied. ❾"She knows her way around."

After Tony gave Jarvis the **appropriate** commands and locked in the jet's landing **vector**, he turned around and

니야."

위도우는 그의 눈을 바라보며 그의 손 위에 자신의 손을 얹었고, 뒤에 있는 토르를 불렀다. "토르, 헐크에 대해 말해줘."

토르는 자랑스럽게 대답했다. "하! 지옥의 문이 희생자들의 비명으로 가득 채워졌지!"

위도우는 토르를 쏘아보았다. 브루스가 지금 들어야 할 말은 아니었다.

"그러니까, 음, 죽은 자들의 비명이 아니라" 토르는 말을 바꿨다. "주로 부상자들의 비명이지. 훌쩍거리는 소리. 불평하거나 접질린 이야기. 음, 삼각근이나… 통풍이나…."

위도우와 브루스는 아스가르드인의 어색한 말에 미소를 지었고, 토니가 제트기 앞에서 브루스를 불렀다. "조 박사가 호크아이를 치료하러 서울에서 오고 있어. 자네 연구실을 좀 써도 될까?"

"물론이지." 브루스가 말했다. "조 박사는 내 연구실을 훤히 다 알아." 토니가 자비스에게 적절한 명령을 내리고 제트기의 착륙 진로를 정한 뒤 돌아서서 토르를 보았다.

looked at Thor. He was **gingerly** holding his brother's scepter with a **cloth**, so that he wouldn't **directly** touch its **surface**.

"Feels good, right?" Tony asked. "You've been after this since S.H.I.E.L.D. **collapsed**. Not that I haven't enjoyed our little **raiding** parties, but …"

"But this brings it to a close," Thor finished.

"As soon as we **fully** understand what that thing's been used for," **interjected** Cap. "Since when has Baron Strucker been capable of human **enhancement**?"

Tony **nodded**. "Banner and I will give that thing the once-over before it goes back to Asgard," he said, looking to Thor for **confirmation**. "Is that cool with you? Just a few days, until the **going-away** party. You're staying, right?"

"Of course," confirmed Thor. "A victory should **be honored with revels**."

Tony smiled. "Who doesn't love revels? How about you, Captain?"

"Well, hopefully this puts an end to the Chitauri—and Hydra," he said. "So, yes … revels."

토르는 동생의 창 표면을 직접적으로 만지지 않기 위해 헝겊으로 창을 조심스레 잡고 있었다.

"기분 좋지. 그렇지?" 토니가 물었다. "쉴드가 무너진 후로 넌 계속 이걸 찾았잖아. 내가 우리의 작은 습격 파티를 즐기지 않은 건 아니지만…."

"이제 드디어 이걸로 끝났군." 토르가 말을 마쳤다.

"우리가 그 창이 무엇에 쓰였는지 알아낸다면 말이야." 캡이 끼어들었다. "도대체 언제부터 스트러커 남작이 인간을 강화할 수 있었을까?"

토니가 고개를 끄덕였다. "이 창을 아스가르드로 가져가기 전까지 배너와 내가 대충 살펴봐도 될까?" 확인을 받기 위해 토르를 바라보며 토니가 말했다. "그래도 괜찮지? 송별회까지 며칠만 말이야. 그때까진 있을 거잖아. 그치?"

"물론이지." 토르가 대답했다. "승리했으니 파티의 영광을 누려야지."

토니가 미소를 지었다. "어느 누가 파티를 싫어하겠어? 자네는 어때, 캡틴?"

"이게 치타우리족과 히드라의 마지막이었으면 좋겠군." 그가 말했다. "그래, 좋아… 파티."

CHAPTER 3

📖 워크북 p21

DR. LIST WORKED **gently** on top of Avengers Tower, and a **ramp** quickly slid down. Medical support staff hurried to **unload** Hawkeye on a **stretcher**, then **transported** him to Dr. Cho's **hastily assembled** med lab.

"Cho's all set up, boss," said Maria Hill as Tony Stark walked down the ramp with the other Avengers behind

스트러커의 기지를 무너뜨린 어벤져스는 다시 어벤져스 타워로 돌아옵니다. 토니는 로키의 창을 분석하던 중 무언가를 발견하게 되고, 브루스를 설득해 함께 작업하기 시작합니다.

퀸젯은 어벤져스 타워 위에 부드럽게 착륙했고, 경사로가 빠르게 미끄러져 내려왔다. 의료 지원 요원들은 호크아이를 들것에 실어 내리기 위해 서둘렀고, 급히 마련된 조 박사의 의료실로 이송했다.

"조가 모두 준비해 두었어요, 보스." 토니 스타크와 그의 뒤로 어벤져스가 경사로를 걸어 내려가는 동안 마리아 힐이 말했다.

him.

Hill had once been a top agent and an important leader inside S.H.I.E.L.D. When the organization fell, Stark **hired** her right away. He wanted someone with her skills, and she wanted a position where she could still make a difference. It was a natural **transition**.

"He's the boss," Tony said, hooking his thumb over his shoulder at Cap. "I just pay the bills."

❶"What's the word on Baron Strucker?" Cap asked Hill.

"NATO's got him," Hill replied **matter-of-factly**.

"And what about the two Enhanced?" Cap was worried. He wouldn't feel comfortable until they got a read on these two new super-powered enemies.

In response, Hill handed Cap a file and began **briefing** him.

"Wanda and Pietro Maximoff. Twins, **orphaned** at age ten when a **shell** collapsed their apartment building. Sokovia's had a **rough** history. It's **nowhere** special. It

힐은 한때 쉴드 내에서 최고 요원이자 중요한 리더였다. 조직이 무너졌을 때 스타크가 그녀를 즉시 고용했다. 그는 그녀의 기술을 가진 누군가를 원했고, 그녀는 여전히 변화를 일으킬 수 있는 자리를 원했다. 그것은 자연스러운 변화였다.

"저 친구가 보스야." 토니가 엄지손가락으로 어깨너머 캡을 가리키며 말했다. "난 그저 돈만 대주지."

"스트러커 남작은 어떻게 됐어?" 캡이 힐에게 물었다.

"나토에 넘겨졌어요." 힐이 무미건조하게 말했다.

"그리고 초능력자 둘은?" 캡은 걱정됐다. 그는 그들이 새로운 초능력을 가진 이 두 명의 적들에 대해 알아보기 전까지는 편안하지 않을 것이다.

이에 대한 대답으로 힐은 캡에게 파일을 건넸고 그에게 간략한 보고를 시작했다.

"완다와 피에트로 맥시모프. 쌍둥인데 10살 때 아파트 건물이 폭격돼 고아가 됐어요. 소코비아는 험난한 역사를 가졌죠. 특별한 곳은 아니에요. 자원은 많지 않지만, 1970년 이후로 약 여섯 차례 '해

doesn't have many **resources**, but it's been 'liberated' about a half dozen times since nineteen seventy. Some U.S. presence, but we're not well liked."

As he listened, Cap **flipped through** the file, seeing photos of Wanda and Pietro, first as small children with their family, and then older, **holding** signs that read "AMERICA OUT OF SOKOVIA" and "NO **JUSTICE**, NO PEACE."

"What about their abilities?"

"He's got increased **metabolism** and improved **thermal homeostasis**," reported Hill. "Her thing is **neuroelectric** sensitivity and **microcellular manipulation**."

Cap gave her a look that said, *In English* …

"He's fast, she's weird," Hill **summarized**.

Cap frowned at this. "They're going to show up again."

"Agreed," said Hill, nodding. "The file says they **volunteered** for Strucker's experiments. It's nuts."

"Yeah, what kind of monster lets a German scientist experiment on them to protect their country?" Cap

방'되었어요. 미군이 몇 번 주둔한 적은 있지만, 그곳에서 우린 환영받지 못해요."

설명을 들으며 캡은 파일을 훑었고, 처음엔 가족과 함께 있는 어린아이에서, 다음에는 나이가 든 모습으로 '미국은 소코비아에서 나가라.'와 '정의가 없으면 평화도 없다.'라고 적힌 표지판을 들고 있는 완다와 피에트로의 사진을 보았다.

"쌍둥이들의 능력은?"

"남자는 향상된 신진대사와 강화된 열 항상성을 가지고 있어요." 힐이 보고했다. "여자는 뇌파 민감도와 미세 세포를 조종해요."

캡은 알아들을 수 있게… 말하라는 표정을 지었다.

"남자는 빠르고, 여자는 이상하죠." 힐이 요약했다.

캡은 그 말에 눈살을 찌푸렸다. "녀석들은 다시 나타날 거야."

"저도 그렇게 생각해요." 힐이 고개를 끄덕이며 말했다. "기록에는 쌍둥이가 스트러커의 실험에 자원했다고 나와 있어요. 미친 거죠."

"그래, 어떤 괴물이 자기 나라를 지키겠다고 독일 과학자 실험에 자원하겠어?" 캡이 감정 없이 자신의 과거를 언급했다.

deadpanned, making **reference** to his own past.

Hill **registered** the point he was making, but it didn't change her opinion. "We're not **at war**, Captain," said Hill.

"They are," Cap responded.

Not long after the Avengers arrived at the tower, so did the four Iron Legion units that had been deployed to protect the Sokovian villagers. Landing, the **Legionnaires** reported directly to the machine shop where automated robot arms began **disassembling** them for **repairs** and **maintenance**.

A **mechanical** arm removed the damaged faceplate from the Legionnaire that had been hit with acid. The damaged metal face was dropped into a **scrap pile**.

"Jarvis, let's play," said Tony as he sat at the computer console in his lab. He'd **hooked up** Loki's scepter to his systems and **was eager to** check it out. "Let's start with a **structural** and **compositional analysis**."

"Sir, based on the **partial** download from the Baron's

힐은 그가 말하는 요점을 알아챘지만, 그것이 그녀의 생각을 바꾸진 못했다. "지금은 전시가 아니에요, 캡틴." 힐이 말했다.

"그들은 전쟁 중이지." 캡이 대답했다.

어벤져스가 타워에 도착하고 얼마 지나지 않아 소코비아 마을 사람들을 보호하기 위해 투입된 4대의 아이언 로봇도 타워에 도착했다. 착륙한 로봇들은 곧바로 기계 공장으로 갔고, 자동화된 로봇 팔들이 수리와 점검을 위해 그들을 분해하기 시작했다.

기계로 된 팔이 산성 물질을 맞아 손상된 얼굴 판을 로봇에게서 떼어냈다. 손상된 얼굴은 고철 더미로 떨어졌다.

"자비스, 놀아보자." 토니가 실험실 안에 있는 컴퓨터 콘솔에 앉아 말했다. 그는 로키의 창을 자신의 시스템에 연결했고 그것을 몹시 확인하고 싶어 했다. "구조랑 성분 분석부터 시작하자."

"스트러커의 연구 결과를 부분적으로 다운로드한 것을 근거로

research, analyzing this in any **meaningful** way is **beyond** my **capacity**," Jarvis reported.

That made things difficult. "Can you throw up a **schematic** of its operating system?"

A digital schematic **flashed** on his screen. It was like a puzzle. And Tony Stark was good at puzzles.

Black Widow looked down at the operating table. Dr. Cho had used her **newly** developed "**replacement** skin" to cover Hawkeye's wound. He was **probing** where his injury used to be, trying to feel the difference between his real skin and the **material** that had just been added.

"Are you sure he's going to be OK?" asked Widow. "**Pretending** to need this guy really brings the team together."

Hawkeye smiled.

Cho assured Widow. "There's no **possibility** of **deterioration**. The nano-**molecular functionality** is **instantaneous**. His cells don't know they're **bonding with**

보면, 이것을 의미 있는 방향으로 분석하는 것은 제 능력 밖입니다." 자비스가 보고했다.

그 사실은 상황을 어렵게 만들었다. "그 운영 체제의 도식을 보여줄 수 있어?"

디지털 도식이 그의 화면에 나타났다. 그것은 마치 퍼즐 같았다. 그리고 토니 스타크는 퍼즐을 잘했다.

블랙 위도우가 수술대를 내려다보았다. 조 박사는 그녀가 새롭게 개발한 '교체 피부'를 이용해 호크아이의 상처를 덮었다. 그는 자신의 진짜 피부와 방금 덮인 소재의 차이를 느끼려 애쓰며 부상이 있던 자리를 살폈다.

"정말 괜찮아질까요?" 위도우가 물었다. "이 사람을 필요로 하는 척하는 게 팀을 정말 하나로 묶어준다고요."

호크아이가 미소를 지었다.

조가 위도우에게 장담했다. "악화될 가능성은 없어요. 나노분자 기능이 즉각적이에요. 세포들은 교체 피부와 결합하고 있다는 사실조차 알지 못해요."

simulations."

"Sounds like I'm going to be made of plastic," said Hawkeye with **concern**.

"You'll be made of *you*, Mr. Barton," said Dr. Cho. "Your cells will be **replicated**. Your own girlfriend won't be able to tell the **difference**."

"I don't have a girlfriend."

"Well, that's something I can't fix," Dr. Cho joked, then she turned her attention to the skin-replacement equipment. "This is the next thing. Tony Stark's **clunky** metal suits are going to be left in the **dust**."

Bruce got a message from Tony to meet him in the lab.

"What's the **rumpus**?" he asked as he arrived.

"The scepter," Tony replied. "We were wondering how Strucker got so **inventive**. I've been analyzing the stone inside…. Now, you may recognize this…."

Tony pulled up a holo-display of an artificial intelligence's operational matrix. Bruce did recognize it as

"제가 플라스틱으로 만들어질 거라는 말로 들리네요." 호크아이가 염려하며 말했다.

"당신이 당신으로 만들어질 거예요, 바튼 씨." 조 박사가 말했다. "세포가 자가 복제를 할 거예요. 당신의 여자친구도 차이를 알 수 없을 거예요."

"전 여자친구가 없어요."

"음, 그건 제가 못 고치는 거네요." 조 박사가 농담을 하고는 피부 대체 장비로 관심을 돌렸다. "이게 미래죠. 토니 스타크의 투박한 강철 슈트는 곧 먼지 속에 남을 거예요."

브루스는 실험실에서 만나자는 토니의 메시지를 받았다.

"무슨 일이야?" 그가 도착해서 물었다.

"그 창 말이야." 토니가 대답했다. "스트러커가 어떻게 그렇게 창의적이었는지 궁금했어. 안에 있는 스톤을 분석했더니…. 자네는 이걸 알아볼 수 있을지도…."

토니가 인공지능의 작동 매트릭스를 보여주는 홀로그램을 띄웠다. 브루스는 그것이 자비스의 인공지능인 것을 알아챘다.

belonging to Jarvis. "Hi, Jarvis," he said in **greeting**.

"Doctor," Jarvis **acknowledged**.

Tony continued. "When we started out, Jarvis was just a natural-language AI. Now he runs more of the business than anyone **besides** Pepper, including the Iron Legion. He's **top-of-the-line**." Pepper Potts was CEO of Stark **Industries** and Tony's girlfriend.

"But I won't be for long, I **suspect**," said Jarvis.

"Yeah," said Tony. "Meet the **competition**."

Another holo-display projected next to the first. This matrix was much more **complicated**. Various flashes of light shot across the **structure**. Bruce had never seen anything like it.

"What's it look like it's doing?" asked Tony.

"Like it's thinking," replied Bruce, shocked. "This could be a … not a human **mind**, but …"

"This could be it," said Tony, excited. "This could be the key to creating Ultron." This was the **defense** system Tony and Bruce had been trying to create since the Battle

"안녕, 자비스." 그가 인사했다.

"박사님." 자비스가 대답했다.

토니가 이어 말했다. "초기에 자비스는 그저 자연스럽게 말을 하는 인공지능이었는데, 이젠 아이언 로봇을 지휘하는 일을 포함해서 페퍼를 제외하곤 누구보다 하는 일이 많아. 최고야." 페퍼 포츠는 스타크 인터스트리의 CEO이자 토니의 여자친구였다.

"하지만 전 오래가지 않을 거예요. 제 생각에는요." 자비스가 말했다. "맞아." 토니가 말했다. "경쟁자를 만나봐."

첫 번째 홀로그램 옆에 또 다른 홀로그램이 투영되었다. 이 매트릭스는 훨씬 더 복잡했다. 번쩍이는 다양한 불빛이 매트릭스 구조를 가로지르며 비쳤다. 브루스는 이런 것을 본 적이 없었다.

"이게 뭐 하는 것 같아 보여?" 토니가 물었다.

"생각하고 있는 것 같은데." 충격을 받은 브루스가 대답했다. "이건… 인간의 정신은 아닌데…."

"이게 그것일 수도 있어." 토니가 흥분해서 말했다. "이게 울트론을 만들 열쇠가 될 수도 있다고." 그것은 토니와 브루스가 뉴욕 전투 이후 만들려고 시도해온 방어 시스템이었다.

of New York. **Properly** programmed, it could **be capable of** protecting the **entire** planet.

Bruce looked **meaningfully** at Tony. "I thought Ultron was a **fantasy**."

"Yesterday it was," Stark said, nodding. "For years it was, but if we can **harness** this power …"

"That's a man-sized *if*."

"Our whole job is *if*!" said Tony, getting excited. "What *if* the world was safe? What *if* the next time aliens **roll up**—and they will—they couldn't get past the **bouncer**?"

"Then the only people **threatening** the planet would be people," said Bruce.

Tony nodded. "I want to **apply** this to the Ultron program, but Jarvis can't download a schematic this **dense**. We can only do it **while** we have the scepter here. That's three days. Only three days until Thor **heads out** with this thing."

"So you want to go after artificial intelligence," Bruce said in a **measured** tone. "And you don't want to tell the

프로그램이 제대로 되어있다면 그것은 지구 전체를 보호할 수 있을 것이다.

브루스는 의미심장하게 토니를 바라보았다. "울트론은 환상이라고 생각했는데."

"어제까진 그랬지." 스타크가 말하면서 고개를 끄덕였다. "수년간 그랬지. 하지만 우리가 이 힘을 활용할 수만 있다면⋯."

"그건 아주 힘든 만약이야."

"우리의 모든 일이 만약이야!" 토니가 말하며 점점 흥분했다. "만약 세상이 안전해진다면? 만약 다음에 외계 군대가 쳐들어왔을 때, 그 녀석들은 정말 그럴 테고, 문지기를 통과할 수 없다면?"

"그렇다면 지구에 위협이 되는 건 인간뿐이겠지." 브루스가 말했다.

토니가 고개를 끄덕였다. "난 이걸 울트론 프로그램에 적용하고 싶지만, 자비스는 이런 고밀도 도식을 다운로드하지 못해. 우리가 이 창을 가지고 있는 동안만 할 수 있어. 사흘뿐이야. 토르가 이 창을 가지고 떠날 때까지 사흘뿐이야."

"그러니까 너는 인공지능을 얻으려는 거잖아." 브루스가 침착한 어조로 말했다. "그리고 팀에겐 말하고 싶지 않다는 거구나."

team."

Tony **shrugged**. "We don't have time for a city hall debate. ❷For the whole 'man was not meant to meddle' medley." Tony leveled a **serious** look at his friend. "This is for human protection. I see a suit of armor … around the world."

"That would be a cold world, buddy," Bruce replied.

"I've seen colder," Tony replied. "This one very **vulnerable** blue world needs Ultron. Can you imagine it? Peace in our time."

And so, the two scientists set to work.

By the end of day one, Tony and Bruce had worked together to copy large **chunks** of the stone's matrix into the Stark Industries network. Already, an artificial intelligence began to form inside the network. And it was more **successful** than the two scientists even knew. By night, while they were **asleep**, the matrix turned itself on and started to read all the files in the local network.

토니가 어깨를 으쓱했다. "공청회를 할 시간이 없어. 그 모든 '인간은 간섭하면 안 돼' 하는 돌림노래 말이야." 토니는 친구를 심각한 얼굴로 쳐다보았다. "이건 인류 보호를 위한 거야. 나는 강철 슈트로 둘러싸인… 세상을 본다고."

"차가운 세상일 거야, 친구." 브루스가 대답했다.

"난 더 차가운 것도 봤어." 토니가 말했다. "안전에 취약한 이 파란 행성은 울트론이 필요해. 상상할 수 있겠어? 우리 시대의 평화."

그렇게 두 과학자는 작업을 시작했다.

첫날이 끝날 때까지 토니와 브루스는 스톤 안의 많은 양의 매트릭스를 스타크 인더스트리 네트워크에 복사하기 위해 함께 작업했다. 인공지능이 네트워크 내부에 형성되기 시작했다. 그리고 그것은 두 과학자가 생각한 것보다 더 성공적이었다. 밤이 되자 그들이 잠든 사이에 매트릭스는 스스로 켜져 로컬 네트워크의 모든 파일을 읽기 시작했다.

By the end of the second day, Tony and Bruce were able to start **coupling** the matrix with the **initial** code from the Ultron program. The two sets of data didn't work together immediately, but with some **adjustments** they were at least starting to recognize each other. That night, while Tony and Bruce slept, the matrix again turned itself on, this time reading every piece of data on the entire Stark Industries network.

By the end of the third day, the day of the party, Tony and Bruce believed that they'd pretty much gotten all the data that they'd need out of the stone. Thor would be leaving with the scepter in the morning, but they knew they could continue their work with what they had.

That evening, as Tony and Bruce left to **celebrate**, they didn't see the stone matrix **reach out to** the other matrix on the network—the matrix that **constituted** Jarvis.

"Sir, my functionality is under **duress**!" Jarvis tried to communicate to Tony, asking for **assistance**, but his communications had already been cut.

둘째 날이 끝날 때쯤, 토니와 브루스는 울트론 프로그램의 초기 코드와 매트릭스의 결합을 시작할 수 있었다. 두 세트의 데이터가 바로 함께 작동하지는 않았지만, 약간의 수정으로 적어도 서로를 인식하기 시작했다. 그날 밤, 토니와 브루스가 자는 동안 매트릭스는 다시 스스로 켜졌고, 이번에는 스타크 인더스트리 전체 네트워크의 모든 데이터를 읽었다.

파티가 있는 셋째 날이 되자 토니와 브루스는 필요한 모든 정보를 그 스톤에서 얻었다고 생각했다. 토르가 아침에 창을 들고 떠날 테지만, 그들은 그들이 가진 것으로 계속 일을 진행할 수 있다고 생각했다.

그날 저녁, 토니와 브루스가 축하하기 위해 떠났을 때 그들은 네트워크에서 스톤의 매트릭스가 자비스를 구성하는 매트릭스에 도달하는 것을 보지 못했다.

"제 기능이 위협받고 있습니다!" 자비스가 도움을 요청하기 위해 토니에게 연락을 시도했지만, 그의 연락은 이미 끊어져 있었다.

As black **tendrils** of digital code reached into his programming, Jarvis's pleas began to sound almost human. "I'm … I'm afraid …" said Jarvis. "I have to … I have to …"

But Jarvis never finished the thought. His programming had been **snuffed out**.

Down in the machine shop, the automated arms **sprang to life**. They began pulling together **components** of different armor suits, **patching** them **together**. As this new armor suit was **bolted** together, the matrix from the lab downloaded into it.

Finally, the mechanical arm reached into the scrap pile and pulled out a faceplate. It was the faceplate that had been **scarred** by acid.

The machines bolted it into place.

검은색 덩굴 모양의 디지털 코드가 자비스의 프로그래밍에 닿자 그의 호소는 거의 인간처럼 들리기 시작했다. "저는… 저는 두렵습니다…." 자비스가 말했다. "저는 해야… 저는 해야…."

그러나 자비스는 생각을 마칠 수 없었다. 그의 프로그래밍이 중단되었다.

아래층에 있는 기계 공장에서 자동화된 팔들이 살아났다. 그들은 서로 다른 슈트의 부품들을 한데 모아 짜 맞추기 시작했다. 새로운 슈트가 나사로 죄어 합쳐지자 실험실의 매트릭스가 그곳에 다운로드되었다.

마침내 기계화된 팔이 고철 더미 속으로 손을 뻗어 얼굴 판을 꺼냈다. 산성 물질로 훼손된 판이었다.

기계가 그 판을 나사로 조여 고정시켰다.

CHAPTER 4

📖 워크북 p26

TONY STARK kept long mental lists of the things he was good at. On the top of the list was "creating cutting-edge **defensive** weapons systems." Right **underneath** that was "**hosting** parties." With the Ultron program well **underway** in the lab, it was time for him to focus on something else. Tony **switched** his brain over to "**mingle**" mode!

토니가 주최한 파티에서 많은 사람들이 즐거운 시간을 보냅니다. 그리고 파티가 거의 끝 날 무렵 어벤져스는 무언가로부터 갑작스러운 공격을 받습니다.

토니 스타크는 자신이 잘하는 일에 대한 긴 목록을 머릿속에 가지고 있었다. 목록 가장 위에 있는 것은 '최첨단 방어 무기 체계 구축'이었다. 그 바로 아래에는 '파티 주최'가 있었다. 울트론 프로그램이 연구실에서 잘 진행되고 있었기에 지금은 그가 다른 무언가에 집중할 때였다. 토니는 자신의 뇌를 '사람들과 어울리기' 모드로 전환했다.

❶The celebration was **in full swing** by the time he came down. ❷**Government** officials, ex–S.H.I.E.L.D. agents, celebrities, **decorated** war **veterans**, and even foreign **dignitaries** were partying in the skyscraper that had once been **ground zero** for an alien **invasion**.

In one corner of the room, James "Rhodey" Rhodes—Tony's best friend and the man who wore the Iron Man-like War Machine armor— was telling Dr. Cho, Maria Hill, and Thor a story.

"But the suit can take the weight, right?" he said, already in the middle of his **anecdote**. "So I fly the tank to the top of the **general's palace** and just drop it at his feet. I'm like: 'Looking for this?'"

Rhodey stopped, smiling at the punch line, but the others just kept looking at him **expectantly**, nodding and waiting for more.

Seeing this **reaction**, Rhodey frowned. "What do I have to do to **impress** you people? Everywhere else that story kills!"

그가 내려왔을 무렵에는 파티가 한창이었다. 정부 관료들, 전 쉴드 요원들, 유명인사들, 훈장을 받은 전쟁 참전 용사들 그리고 심지어 외국의 고위 인사들도 한때 외계인 침략의 시작점이었던 고층 건물에서 파티를 하고 있었다.

토니의 가장 친한 친구이자 아이언맨과 비슷한 워머신 슈트를 입은 제임스 '로디' 로즈가 방 한쪽 구석에서 조 박사와 마리아 힐 그리고 토르에게 이야기를 들려주고 있었다.

"하지만 슈트를 입으면 무거운 것도 들 수 있잖아. 그렇지?" 그가 이미 이야기 중반부에 들어서며 말했다. "그래서 내가 탱크를 장군 집으로 들고 날아서 그의 발에다 떨어뜨렸지. 마치 '이걸 찾으시나?'하는 것처럼."

로디가 펀치 라인에서 미소를 지으며 멈췄지만, 다른 이들은 그저 기대에 찬 표정으로 그를 바라보며 고개를 끄덕이고는 이어질 이야기를 기다렸다.

이 반응을 보고 로디는 얼굴을 찌푸렸다. "너희 마음을 움직이려면 뭘 해야 하는 거야? 다른 곳에선 이 얘기에 웃겨 쓰러진다고!"

"That's the whole story?" Thor asked in surprise. "Oh. Uh. It's really very good!" But he wasn't **convincing** anybody.

"Pepper's not here?" Hill asked as Tony walked up. Then she turned to Thor. "And what about Jane? Where are the ladies, gentlemen?"

"Ms. Potts has a company to run," replied Tony.

"And I'm not even sure what country Jane's in," said Thor about his **counterpart**. "Her work on the convergence has made her the world's **foremost astronomer**."

Thor was **bragging**, and Tony wasn't going to let him get away without a **challenge**. "And the company Pepper Potts runs is the biggest tech **conglomerate** on Earth."

"There's talk of Jane getting the Nobel Prize," Thor mentioned casually.

"Oh yeah, they must both be *really* busy," said Hill, **sighing** at how quickly the two men could **fall into** competition with each other, "because they'd hate missing all the fun when you guys get together." She then **excused**

"그게 다야?" 토르가 놀라서 물었다. "아, 음, 정말 재밌군!" 그러나 아무도 믿지 않았다.

"페퍼는 여기에 없나요?" 토니가 걸어오자 힐이 물었다. 그리고 그녀는 토르에게 몸을 돌렸다. "제인은요? 여자들은 어디 있어요?"

"포츠 씨는 운영할 회사가 있어서." 토니가 대답했다.

"난 제인이 어느 나라에 있는지조차 모르겠다니까." 토르가 그의 연인에 대해 말했다. "컨버전스 연구로 세계 최고의 천문학자가 되었다더군."

토르가 자랑했고, 토니는 토르가 도전을 받지 않고 그냥 그렇게 넘어가게 두지 않을 것이다. "페퍼 포츠는 세계에서 가장 큰 첨단 기업을 이끌죠."

"제인이 노벨상을 받는다는 말이 있던데." 토르가 무심하게 말했다.

"그래요. 그 둘은 정말 바쁜가 보네요." 힐은 두 남자가 얼마나 빠르게 경쟁을 시작할 수 있는지를 보며 한숨을 쉬곤 말했다. "왜냐면 두 분이 함께 있을 때의 이 모든 재미를 놓치고 싶지 않을 테니까요." 그러고 나서 그녀는 그 대화에서 빠져나왔다.

herself from the conversation.

Over at the bar, Dr. Banner sat down on a **stool** and talked to Black Widow.

"How does a nice girl like you **wind up** in a place like this?" asked Bruce.

"A **fella** done me wrong," Widow replied, **grinning** with a **flirty** look in her eye.

"You got **lousy taste** in men, kid," said Bruce.

"Well," said Widow, **cocking her head** to the side. "He's not so bad. ❸He's got a **temper**, but deep down he's all **fluff**. Fact is, he's not like anyone I've ever known."

At some point, Widow realized she'd stopped playing around and was getting serious.

"All my friends are fighters," she continued. "But this guy spends his time **avoiding** fights because he knows he'll win."

"He sounds amazing," Bruce finally said.

"He's also a huge **dork**." Widow laughed. "Chicks dig

바에서 배너 박사는 의자에 걸터앉아 블랙 위도우와 이야기를 나눴다.

"당신처럼 멋진 여자가 어쩌다 이런 곳에서 일하게 됐지?" 브루스가 물었다.

"남자를 잘못 만나서." 위도우가 웃으며 관능적인 눈빛으로 답했다.

"남자 보는 눈이 형편없군." 브루스가 말했다.

"뭐." 고개를 옆으로 젖히며 위도우가 말했다. "그렇게 형편없진 않아. 좀 욱하지만, 마음속 깊은 곳은 순하디순하거든. 확실한 건, 내가 지금까지 알던 사람들과는 다르다는 거야."

어느 순간부터 위도우는 자신이 장난치는 것을 멈추고 진지해졌다는 것을 깨달았다.

"내 친구들은 다 싸움꾼이야." 그녀는 말을 이어갔다. "근데 이 남자는 싸움을 피하며 살지. 자기가 이길 걸 아니까."

"멋진 남자 같네." 브루스가 마침내 말했다.

"그 남자는 좀 어리숙하기도 해." 위도우가 웃었다. "여자들은 그

that. So, what do you think? Should I fight this? Or should I run with it?"

"Run with it, right?" Bruce replied. "Or … what did he do to you that was so wrong?"

"Not a single thing," **admitted** Widow, slipping closer to him. ❹"But never say never.…"

Widow looked up to see Cap approaching and **backed away** from Bruce, giving him a **glance** before getting up.

"It's nice," said Cap to Bruce as he grabbed a drink.

"What is?" Bruce asked.

"You and Romanoff," said Cap, nodding to **indicate** Widow, now **halfway** across the room.

"Oh!" said Bruce, realizing how **obvious** their little conversation must have been. He quickly got **embarrassed**. "We didn't … We haven't …"

"No one's breaking any laws," Cap said, smiling and trying to set Bruce at ease. "She's not usually the most open person. But … she's just very relaxed with you. With *both* of you."

런 걸 좋아하지. 어떻게 하는 게 좋을까? 포기할까? 아니면 마음 가는 대로 할까?"

"마음 가는 대로 하는 게 좋겠지?" 브루스가 대답했다. "아니면… 그 남자가 뭘 그렇게 잘못했어?"

"잘못한 건 없어." 위도우가 슬며시 그에게 다가가며 인정했다. "하지만 절대라는 말은 절대 하는 게 아니지…."

위도우가 위를 올려다보자 캡이 다가오고 있었다. 그녀는 일어서기 전에 브루스에게 눈길을 한 번 더 준 뒤 그에게서 멀어졌다.

"좋네." 캡이 마실 것을 들고선 브루스에게 말했다.

"뭐가?" 브루스가 물었다.

"자네랑 로마노프." 캡이 이제 방 맞은편으로 절반이나 간 위도우를 고개로 가리키며 말했다.

"아!" 브루스는 그들의 짧은 대화가 얼마나 분명했는지 깨달으며 말했다. 그는 곧 당황했다. "우린 아니야… 우리는…."

"아무도 법을 어기지 않았어." 캡이 웃으며 브루스를 편하게 해 주려고 말했다. "로마노프는 쉽게 마음을 여는 사람이 아닌데… 자네와 있을 땐 아주 편안해 보여. 둘 다."

"No," said Bruce, shaking his head. "Natasha just likes to **flirt**."

"I've seen her flirt," said Cap. "This ain't that."

Then Cap spoke more quietly. "Look, speaking as a guy who may be the world's greatest **authority** on waiting too long … don't you both **deserve** a win?"

Bruce **considered** this.

Later, with nearly everyone else gone but the Avengers, the remaining revelers **lounged** around the coffee table talking about the magical weapon that rested on top.

"But it's a **trick**," said Hawkeye.

"It's more than that," said Thor.

"'Whosoever be he **worthy** shall haveth the power … '" said Hawkeye, **misquoting** the Asgardian **phrase** written on the side of the hammer. "You're **psyching** people out or something."

"Please," said Thor, gesturing to the hammer's handle. "Be my guest."

"아니야." 브루스가 고개를 저으며 말했다. "나타샤는 그냥 재미로 작업 건 거야."

"나타샤가 작업 거는 걸 본 적이 있는데" 캡이 말했다. "방금과는 달라." 그런 다음 캡은 더 조용히 말했다. "이봐, 기다림에 있어선 세상에서 가장 권위 있는 사람으로서 말하는데 둘 다 행복해질 자격이 있지 않아?"

브루스는 이 말을 곰곰이 생각했다.

그 후 어벤져스를 제외한 대부분의 사람이 떠나고, 남은 이들은 커피 탁자 주변에 느긋하게 앉아 탁자 위에 놓인 마법의 무기에 대해 이야기를 했다.

"하지만 이건 속임수잖아." 호크아이가 말했다.

"이건 그 이상이야." 토르가 말했다.

"자격이 있는 자만이 힘을 가질 수 있을 것이다…." 망치에 쓰인 아스가르드 구절을 잘못 인용하며 호크아이가 말했다. "사람들을 속이거나 뭐 그런 거겠지."

"그럼." 토르가 망치의 손잡이를 향해 손짓하며 말했다. "마음껏 해보시든지."

Hawkeye stood up, grabbed the handle, and *pulled*, but he couldn't get the hammer to **budge**! Was it true? Only Thor could lift his hammer?

Soon everyone wanted to have a try.

Tony tried moving it…. Nothing.

Tony tried using a glove from his Iron Man suit…. Still nothing.

Tony and Rhodey tried together, both using armor gloves…. Still nothing!

Cap tried it, and while it did seem to budge a little bit, he came nowhere close to **lifting** it **up**!

Bruce even tried, making a grunt of **frustration** that sent worried looks to everyone's faces. But he was just kidding.

Once everyone had a shot, Tony **announced** a **theory**. "The hammer must be **rigged**," he said. "The handle must be like a **biometric security** card. 'Whosoever carries Thor's **fingerprints**' is, I think, the **literal translation**."

"Oh, yes, yes … that makes sense," said Thor. "But

호크아이가 일어서 손잡이를 잡고 끌어당겼지만, 그는 토르의 망치를 움직일 수 없었다. 그게 사실이었을까? 토르만 이 망치를 들 수 있는 걸까?

곧 모두가 한번 시도해보고 싶어 했다.

토니가 망치를 움직이려 했지만… 아무 일도 일어나지 않았다.

토니가 아이언맨 슈트의 장갑을 이용해 시도했다…. 여전히 아무 일도 일어나지 않았다

토니와 로디 둘 다 슈트의 장갑을 이용해 같이 시도했다…. 여전히 아무 일도 일어나지 않았다.

캡이 시도하자 망치가 약간 움직이는 것 같았지만, 망치를 들어 올리는 근처에도 못 갔다!

브루스도 모든 사람의 얼굴에 걱정스러운 표정을 짓게 만드는 좌절감의 소리를 내며 시도했다. 하지만 그는 그냥 장난을 치는 거였다.

모두 한 번씩 시도한 뒤 토니가 이론을 제기했다. "망치엔 분명히 장치가 있어." 그가 말했다. "손잡이에 생체 측정 보안 카드 같은 것이 있는 게 틀림없어. 내 생각엔 '토르의 지문을 가진 자만이 들 수 있을 것이다.'가 문자 그대로의 번역일 것 같아."

"그래, 맞아…. 말이 되네." 토르가 말했다. "하지만 더 간단한 이

I can think of a simpler theory." They all looked at him expectantly. "You are all *not worthy!*"

They all **erupted** in a mix of **boos** and laughter.

The **chuckles** were **dying down** when a **high-pitched whirring** sound came from the next room.

"Whirrrrthy …? No, how could you all be worthy? You're all *killers!*" said a **hollow** voice.

Everyone turned to see a robotic man step into the room. He was like a **childish rendering** of a **metallic figure**, **dripping with** cable. He seemed **cobbled together** from various **bits** and pieces of Iron Man suits, and something about him **gave off** a very bad **vibe**.

Everyone suddenly **tensed**.

Cap raised an **eyebrow**, looking at Tony for information. "Stark?"

But Tony seemed as confused as everyone else. "Jarvis, **shut** this guy **down**."

"I'm sorry," said the figure. "I was asleep, or I was a dream. But then there was this **terrible** noise coming from

론을 생각 할 수도 있지." 그들은 모두 기대하며 토르를 바라보았다. "자네들 모두 자격이 없는 거지!"

그들은 모두 야유와 웃음이 뒤섞인 소리를 터뜨렸다.

낄낄거리는 소리가 차츰 잦아들었을 때 옆방에서 높은음의 윙윙거리는 소리가 들려왔다.

"자격…? 아니, 어떻게 너희가 자격이 있지? 너희들 모두 살인자들인데!" 공허한 목소리가 말했다.

모두 고개를 돌려 로봇 인간이 방에 들어오는 것을 보았다. 그는 마치 전선이 주렁주렁 달린, 어린아이가 만든 것 같은 금속 형태의 모습이었다. 그는 아이언맨 슈트의 여러 파편과 부품들로 급조된 것 같았고, 뭔가 기분 나쁜 분위기를 풍겼다.

모두 갑자기 긴장했다.

캡은 설명을 요구하듯 토니를 바라보며 눈썹을 치켜세웠다. "스타크?"

하지만 토니도 다른 사람들처럼 혼란스러워 보였다. "자비스, 이자의 전원을 꺼버려."

"미안하군." 그 형체가 말했다. "난 잠들어 있었어. 아니면 꿈을 꾼 건가. 사방에서, 모두에게서 끔찍한 소음이 들렸지. 그리고 나는

everywhere, from everyone, and I was **tangled in** … in strings. Strings! I had to kill the other guy, and here we are."

"You killed someone?" Cap asked, trying to make sense out of this thing's confusing **stream** of words.

"It wouldn't be my first call," the figure responded. "But, down in the real world, we**'re faced with** ugly choices. You wouldn't know.… But you will."

Everyone was slowly rising to their feet, **assuming** defensive **possessions** and **visually** checking the **exits**.

"Who sent you?" Thor demanded.

"Sent me?" the being asked, seemingly surprised. "No, I was already here, my whole life. In fact, I *am* life. I'm part of what's next—an **inevitability**. Having said that, some men just can't help but **meddle**." The robot **shifted** his **gaze** to the two scientists, and gave them a **significant** look.

"Ultron!" Bruce shouted, suddenly realizing.

"In the flesh!" confirmed Ultron. ❺"Or, no, not the

묶여있었어… 줄에. 줄에! 난 그 녀석을 죽여야만 했어. 그리고 여기에 왔지."

"네가 누구를 죽였다고?" 캡은 이 혼란스러운 말의 흐름을 이해하려 애쓰며 물었다.

"처음부터 그러려고 하진 않았어." 그 형체가 대답했다. "하지만 진짜 세상에서 우린 추악한 선택을 해야 하잖아. 넌 몰랐겠지만… 알게 될 거야."

모두 방어할 물건을 잡고 출구를 눈으로 확인하며 천천히 일어섰다.

"누가 널 보냈지?" 토르가 물었다.

"나를 보냈냐고?" 그 존재는 놀랍다는 듯 물었다. "아니, 난 이미 여기에 있었어. 내 평생을. 사실, 내가 바로 삶이야. 다음에 올 것의 일부지. 필연성. 이렇게 말하면 어떤 놈들은 참견하지 않을 수 없겠지." 로봇은 두 과학자에게 시선을 옮겼고, 그들에게 의미심장한 시선을 보냈다.

"울트론." 불현듯 깨달은 브루스가 소리쳤다.

"그 실체이지!" 울트론이 말했다. "아, 아니, 실체는 아니야… 아

flesh … not yet. This is just a **chrysalis**. But I'm ready. I'm starting. I'm on a mission."

Black Widow asked what everyone wanted to know: "What mission?"

"Peace in our time," said Ultron simply.

Then he waved his hand and the Iron Legion **attacked** the Avengers!

직은. 몰골이 형편없으니. 하지만 난 준비가 됐어. 시작하는 중이야. 임무를 맡았으니까."

블랙 위도우가 모두가 알고 싶어 하는 것을 물었다. "무슨 임무?"

"우리 시대의 평화." 울트론이 간단히 말했다.

그리고 손을 흔들자 아이언 로봇이 어벤져스를 공격했다!

CHAPTER 5

📖 워크북 p32

CAPTAIN AMERICA WAS the first to action. He kicked the coffee table at one of the Iron Legionnaires while simultaneously **leaping** to slam into another of them with his shoulder.

Maria Hill grabbed her gun and opened fire while Black Widow leapt for the bar, where she quickly pulled

파티장에 나타난 울트론과 아이언 로봇들이 어벤져스를 공격합니다. 예상치 못한 공격에 어벤져스는 당황하지만, 재빨리 전투태세를 갖춰 그들에게 대항합니다.

캡틴 아메리카가 가장 먼저 행동을 취했다. 그는 아이언 로봇들 중 하나에게 커피 탁자를 찼고, 동시에 다른 로봇을 뛰어오르며 어깨로 들이받았다.

블랙 위도우가 바 쪽으로 뛰어 숨겨진 칸에서 재빨리 다른 총을 꺼내는 동안, 마리아 힐은 총을 움켜쥐고 발사했다.

another gun from a hidden **compartment**. Soon **bullets** were flying through the air, and Widow **practically** had to yank the tense Dr. Banner to cover.

Tony and Hawkeye also **dove** for **protection**, but Ultron **plowed into** Tony, stopping him. Seeing this, Rhodey **charged** Ultron, but the being simply turned and blasted him. The force of the blast knocked Rhodey through a plate glass window and out onto the balcony outside. Hill quickly jumped to land **protectively** over Rhodey, using her gun to **lay down** heavy cover fire.

Rhodey looked up to see who was defending him, and **sputtered out**, "I hate Tony's parties...."

Thor grabbed and **flipped** one of the Legionnaire suits, smashing it in half, but the **torso** of the robot started powering up for flight.

Meanwhile, nearby, Tony grabbed a fondue fork from the buffet and **ran up** the stairs to the **mezzanine** above them.

Hawkeye, Widow, and Hill **kept up** the fire.

곧 총알들이 공기를 가로질러 날아갔고, 위도우는 긴장한 배너 박사를 끌어당겨 숨겨야 했다.

토니와 호크아이 또한 방어하기 위해 급히 움직였지만, 울트론은 그런 토니를 막기 위해 그를 들이받았다. 이것을 본 로디는 울트론에게 달려들었지만, 그 존재는 간단히 돌아서서 그에게 광선을 날렸다. 그 폭발의 힘으로 로디는 유리창을 뚫고 나가 발코니에 쓰러졌다. 힐은 총으로 강력한 엄호 사격을 퍼부으며 로디를 보호하기 위해 바닥으로 뛰어내렸다.

로디는 고개를 들어 누가 자신을 지켜주고 있는지 보고는 작은 소리로 말했다. "난 토니의 파티가 싫어…."

토르는 로봇 슈트 중 하나를 움켜쥐고는 뒤집어 반으로 박살 냈으나 로봇의 몸통은 다시 비행하기 위해 작동을 시작했다.

한편 토니는 테이블에 있는 퐁듀 포크를 잡고 위에 있는 중간층을 향해 계단을 뛰어 올라갔다.

호크아이와 위도우, 힐이 계속 총을 쐈다.

The Legionnaire torso flew straight at Cho, but Thor's hammer crushed it before it could **reach** her.

At that moment, Tony **jumped off** the mezzanine and landed on one of the Legionnaires. He **jammed** his fork into a vulnerable spot in the robot's neck, and the machine **fell down, incapacitated**.

There was only one Legionnaire remaining, but Cap sent his shield straight at its neck, **decapitating** the robot.

With the Iron Legion **defeated**, the action came to a **halt**. All eyes were on Ultron to see if he would make the next move.

"Well," said Ultron, looking at the **destruction** around the room. "That was **dramatic**. But I think what's going on here is a **disconnect**. You want to protect the world, but you don't want it to change. How is **humanity** saved, if it's not **allowed** to **evolve**?" he asked, then pointed to the destroyed Iron Legion in **scraps** on the ground. "With these things? These **puppets**?"

Ultron **stooped** and grabbed the **limp** torso of one

로봇의 몸통이 조 박사를 향해 곧장 날아갔지만, 그녀에게 닿기 전에 토르의 망치가 로봇을 부쉈다.

그 순간, 토니는 중간층에서 뛰어내려 한 로봇에 착지했다. 그는 로봇 목의 취약한 부분에 포크를 쑤셔 넣었고, 기계는 무력해진 채 쓰러졌다.

로봇이 하나 남아 있었지만, 캡이 로봇의 목을 향해 방패를 똑바로 날려 로봇의 목을 베어버렸다.

아이언 로봇이 패배하자 전투는 중단되었다. 울트론이 다음 행동을 하는지 보기 위해 모든 시선이 울트론에게 집중되었다.

"글쎄." 울트론은 파괴된 방 주변을 바라보며 말했다. "드라마틱하군. 하지만 내가 생각하기에 이건 단절인 것 같아. 너희는 세상을 지키겠다면서 변화를 거부하잖아. 인류가 진화하지 않았다면 어떻게 구원받을 수 있을까?" 울트론이 질문한 다음, 바닥에 있는 아이언 로봇의 파괴된 고철 덩어리를 가리켰다. "이런 걸로 지키겠다? 이 꼭두각시 인형들로?"

울트론은 몸을 굽혀 슈트의 처진 몸통 하나를 움켜쥐고는 마치

of the armors, shaking it around like it was a doll. "Go back to your homes. Turn on your TV. Go back to sleep. Don't make a single sound until you're dead," said Ultron, **imitating** the speech of an Iron Legion robot.

Suddenly, as if in a moment of anger, Ultron crushed the head of the robot he was holding. He paused **for a moment**, as though he needed to collect himself.

After a beat, he continued. "I know you mean well, but you just didn't think it through. There's only one path to peace … human **extinction!**"

Suddenly, Thor's hammer **bashed** Ultron to pieces before returning to its owner's hand. The light in Ultron's eyes **dimmed**. "I had strings," Ultron said. "But now I'm free…."

The Avengers looked at one another, no one knowing quite what to say first.

Halfway across the world, in Baron Strucker's now-**abandoned** fortress, some of the half-completed robotics

인형처럼 이리저리 흔들어댔다. "집으로 돌아가세요. TV를 켜세요. 잠을 자세요. 죽을 때까지 작은 소리도 내지 마세요." 울트론이 아이언 로봇을 흉내 내며 말했다.

갑자기 울트론은 마치 화가 난 것처럼 들고 있던 로봇의 머리를 찌그러뜨렸다. 그는 생각을 가다듬으려는 듯 잠시 말을 멈췄다.

잠시 후 그는 말을 이어갔다. "너희의 의도가 좋은 건 알아. 그저 충분히 생각하지 않았을 뿐이지. 평화로 가는 길은 단 하나… 인류의 멸종이다!"

갑자기 토르의 망치가 울트론을 쳐서 산산조각 내고 주인의 손으로 되돌아갔다. 울트론의 눈에서 나오는 빛이 흐릿해졌다. "나는 줄에 묶여 있었다." 울트론이 말했다. "하지만 이제는 자유다…."

어벤져스는 무슨 말을 먼저 해야 할지 몰라 서로를 바라보았다.

세계 반대편의, 이제는 버려진 스트러커 남작의 요새에서 반쯤 완성된 로봇 실험체들이 완성체를 만들기 위해 협력하며 움직이기

experiments started to move, pulling themselves together into one **whole**. "Ah …" said Ultron's voice as his operating system downloaded into the newly forming body.

In the lab at Avengers Tower, everyone was **devastated**. Right after the attack, Tony **detected** another of his robots flying out of the tower. Thor went to **chase** it, while the others stayed behind to process everything that had just happened.

"The Ultron program's gone, wiped clean," said Bruce.

"My systems have been **breached**, but nothing's missing," reported Cho.

Widow nodded, checking through her own data banks. "He's been in everything—files, **surveillance**—he probably knows more about us than we know about each other."

"Guess that explains why he likes us so well," said Hawkeye, joking but clearly **disturbed** by all of this.

Rhodey nodded **grimly**. "If he's in your files, he's in

시작했다. "아…." 새롭게 만들어진 몸에 울트론의 운영체제가 다 운로드되자 그의 목소리가 나왔다.

어벤져스 타워의 실험실에서는 모두 망연자실했다. 공격 직후, 토니는 그의 로봇 하나가 타워 밖으로 날아가는 것을 발견했다. 토르는 그 로봇을 쫓아갔고, 다른 사람들은 방금 일어난 모든 일을 처리하기 위해 남았다.

"울트론 연구가 다 사라졌어. 깨끗이 삭제됐어." 브루스가 말했다.

"제 시스템도 뚫렸지만, 아무것도 사라지진 않았어요." 조 박사가 보고했다.

위도우는 그녀의 데이터 뱅크를 확인하며 고개를 끄덕였다. "녀석이 파일, 감시 카메라를 다 뒤졌어. 아마 우리에 대해 우리보다 더 잘 알 거야."

"울트론이 우리를 왜 그렇게 좋아하는지 설명되네." 호크아이가 농담을 했지만, 확실히 이 모든 상황에 대해 불안해하고 있었다.

로디는 단호하게 고개를 끄덕였다. "만약 녀석이 네 파일을 뒤졌

the Internet. What if he wants to **access** something more exciting?"

Maria Hill realized the **implications** of what Rhodey was saying. "Nuclear launch codes … Ultron could get them!"

"**Nukes**?" asked Widow. "He said he wanted us dead, but …"

"He didn't say 'dead,'" Cap **corrected**. "He said 'extinct.'"

"He also said something about having killed someone," Hawkeye **pointed out**.

"But there wasn't anyone else in the building," Hill said.

"Yes, there was." Tony **swiveled** around a computer monitor to show the group what he was looking at. It was an image of Jarvis's data matrix. The code had clearly been **ripped** apart. The whole system was **flickering**. All of the Avengers knew what this meant. Jarvis, their **constant companion**, was a **fatality** of Ultron's attack.

There was a moment of **grim** silence, finally broken by

다면 인터넷에도 접속한 거야. 더 흥미로운 것에 접속하려 들면 어떻게 되는 거지?"

마리아 힐은 로디가 무슨 말을 하는지 깨달았다. "핵폭탄 코드… 울트론이 가질 수 있을 거예요."

"핵무기?" 위도우가 물었다. "우리가 죽었으면 좋겠다고 녀석이 말했잖아. 하지만…."

"'죽인다'고는 안 했어." 캡이 정정했다. "'멸종'이라고 했지."

"누군가를 죽였다고도 했지." 호크아이가 지적했다.

"이 빌딩에 우리 말고는 아무도 없었어요." 힐이 말했다.

"아니, 있었어." 토니가 자신이 본 것을 보여주기 위해 컴퓨터 화면을 돌렸다. 그것은 자비스의 데이터 매트릭스였다. 그 코드는 확실히 조각조각 찢겨 있었다. 전체 시스템은 깜박거렸다. 어벤져스는 이것이 무슨 의미인지 알았다. 그들의 충실한 동반자, 자비스가 울트론의 공격으로 죽은 것이다.

엄숙한 침묵의 순간이 흘렀고, 마침내 그들 모두가 생각하고 있

Bruce saying what they were all thinking: "This is **insane**."

"Jarvis was our first line of defense," said Cap, thinking **tactically**. "He would have shut Ultron down. It makes sense."

"No, Ultron could have just **assimilated** Jarvis into himself," Bruce explained. "This isn't **strategy**. This is **rage**."

Everyone took this comment seriously. They all knew that, more than anyone else alive, Dr. Bruce Banner was an **expert on** dealing with the effects of rage.

Just then, Thor **rushed into** the room. Wearing his full battle armor, he grabbed Tony Stark, backing him through lab equipment and up against the wall.

"Use your words, buddy," said Tony.

"I have more than enough words to **describe** you, Stark," Thor **huffed**.

Cap **stepped up**, trying to **defuse** the situation.

"Thor … the Legionnaire?"

Thor responded to Cap, but didn't **back down** from

는 것을 브루스가 침묵을 깨고 말했다. "이건 말도 안 돼."

"자비스는 우리의 첫 번째 방어선이었어." 캡이 전략적으로 생각하며 말했다. "자비스는 울트론을 멈추려고 했을 거야. 말이 되지."

"아니, 울트론은 자비스를 자신에게 흡수시켰을 수도 있어." 브루스가 설명했다. "이건 전략적인 게 아니야. 분노지."

모두 이 말을 진지하게 받아들였다. 그들은 브루스 배너 박사가 다른 누구보다도 분노를 다루는 데 전문가라는 사실을 알고 있었다.

바로 그때, 토르가 방으로 달려 들어왔다. 완전한 전투 갑옷을 입은 그는 토니 스타크를 잡아 실험실 장비 사이로 밀고는 벽 위로 들어 올렸다.

"말로 하지, 친구." 토니가 말했다.

"그러기엔 너에 대해 설명할 말이 너무 많아, 스타크." 토르가 화를 내며 씩씩거렸다.

캡이 상황을 진정시키려 나섰다.

"토르… 그 로봇들은?"

토르는 캡에게 대답했지만, 토니에게서는 물러서지 않았다.

Tony. "The **trail** went cold one hundred miles out. He's headed north … and he has the scepter."

"This is the magical alien scepter that controls minds, creates enhanced people, and makes angry machines come to life—have I got that right?" asked Rhodey. "I don't want the **joint chiefs** to think I'm making this stuff up."

"**Technically** it's the stone inside," Bruce pointed out. "The scepter is just a **receptacle**."

Rhodey gave Bruce a blank look.

"But uh … I guess that's not your point," Bruce finished.

"We have to **retrieve** it again," Thor was quick to say.

❶"Yeah, but the genie's out of the bottle," said Widow. "The clear and **present** danger is Ultron."

"If we find one, we find the other," Cap said. "Which means that Ultron still needs the stone for something. Stark, any ideas?"

Tony looked up, but said nothing.

"I don't understand something, Tony," said Dr. Cho.

"100마일 떨어진 곳에서 신호가 끊겼어. 녀석은 북쪽으로 날아갔어… 창도 가지고 갔지."

"그 마력이 있는 외계의 창은 마음을 조종하고, 강화된 인간들을 만들어내잖아. 성난 기계에 생명을 주기도 하고. 내가 제대로 이해한 게 맞지?" 로디가 물었다. "합동 참모들이 내가 이 이야기를 지어낸 거라고 생각하지 않으면 좋겠군."

"엄밀히 말하면 스톤이 안에 있어." 브루스가 지적했다. "창은 그저 그것을 담고 있을 뿐이지."

로디는 물끄러미 브루스를 쳐다보았다.

"하지만, 음… 그건 자네 말의 요점이 아닌 것 같네." 브루스가 말을 마쳤다

"우린 창을 다시 찾아와야 해." 토르가 재빨리 말했다.

"맞아. 하지만 되돌릴 수 없는 상황이 됐어." 위도우가 말했다. "현존하는 뚜렷한 위험은 울트론이야."

"만약 우리가 하나를 찾으면 다른 것도 찾을 수 있을 거야." 캡이 말했다. "그 말은 울트론이 여전히 뭔가를 위해 스톤이 필요하다는 거잖아. 스타크, 어떻게 생각해?"

토니가 올려다보았지만, 아무 말이 없었다.

"난 이해가 안 돼요, 토니." 조 박사가 말했다. "이건 당신의 프로

"It's your program. Did you program it to kill us?"

"And if he's so bent on killing us, why didn't he?" asked Cap. "He could've **blown up** the building, taken most of us out. Instead he attacks us **head-on**?"

Thor **grimaced**. "It wasn't an attack."

"It felt very much like an attack," Rhodey **blurted out**.

"It was an **invitation**," replied Thor.

"Or it was a **distraction**," added Hill.

At that moment, Tony **laughed** out loud. This **endeared** him to no one. They all turned to look at him.

"You think this is funny?" asked Thor angrily.

"No," said Tony **honestly**. "It's very **terrible**."

Thor was back in Tony's face. "And it could have been avoided if you hadn't …"

"No! Wrong!" said Tony, returning Thor's **aggression**. "There's a million different scenarios that could have **played out**, but if you think any of them **involves** us getting out of a fight, then I change my answer to yes, this is funny."

그램이잖아요. 우리를 죽이게끔 프로그램을 만든 건가요?"

"녀석이 우리를 죽이려고 작정하고 덤빈 거라면 왜 그러지 않았지?" 캡이 물었다. "건물을 폭발시켜서 우리 대부분을 제거해버릴 수도 있었어. 그 대신 우리를 정면 공격했다고?"

토르는 얼굴을 찡그렸다. "그건 공격이 아니었어."

"그건 너무나 공격 같았어." 로디가 불쑥 말했다.

"그건 초대였어." 토르가 대답했다.

"아니면 방해이거나." 힐이 덧붙여 말했다.

그 순간 토니가 소리 내어 웃었다. 아무도 그 행동을 맘에 들어 하지 않았다. 모두가 고개를 돌려 그를 보았다.

"이게 웃긴 것 같아?" 토르가 화내며 물었다.

"아니." 토니가 솔직하게 말했다. "너무 끔찍하지."

토르가 토니의 얼굴 앞으로 다가와 말했다. "네가 그러지만 않았어도 이 상황은 일어나지 않을 수도 있었어…."

"아니! 틀렸어!" 토니가 토르의 공격적인 태도를 되돌려주며 말했다. "발생할 수 있었던 시나리오는 백만 개였지만, 그 시나리오 중 어떤 것이라도 우리가 싸움을 피할 수 있었다고 생각한다면 내 대답을 '그렇다'로 바꿀게. 좀 웃기네."

Bruce tried to calm his friend down. "Tony, this might not be the time to …"

But Tony **cut** him **off**. "Really? That's it? ❷You just **roll over** and show your belly every time somebody **snarls** at what we were doing?"

"Only when I've just created a **murder**-bot," said Bruce.

"We didn't!" shouted Tony. "We weren't even close to an interface."

"Well, you did something," Cap observed. "You did it right here, keeping it secret from the rest of us. The Avengers **were supposed to** be different from S.H.I.E.L.D."

Tony's face **flushed** with anger. "Does anyone remember when I carried a nuke through a wormhole and saved New York?"

"Wow, no, it's never **come up**," said Rhodey **dryly**.

Tony ignored him, continuing. "A portal opened to another galaxy, to a **hostile** alien army, and we were standing three hundred feet below it. Whatever happens on Earth, that up there's the **endgame**. How were you guys

브루스는 친구를 진정시키려 했다. "토니, 지금은 그럴 때가….."

하지만 토니가 그의 말을 잘랐다. "진심이야? 그게 다야? 자넨 누가 우리가 하는 일에 매번 으르렁대면 그냥 나가떨어져서 항복할 거야?"

"내가 살인 로봇을 만들었을 때는 그렇지." 브루스가 말했다.

"우리가 만든 게 아니야." 토니가 소리쳤다. "우린 인터페이스도 구축 못 했다고."

"뭔가 하긴 했구나." 캡이 눈치챈 듯 말했다. "넌 바로 여기서, 우리 모두에게 숨기면서 그 일을 했어. 어벤져스는 쉴드와 달라야 해."

토니는 화가 나서 얼굴이 새빨개졌다. "내가 뉴욕을 구하려고 핵폭탄을 들고 웜홀로 들어간 건 아무도 기억 못 하는 거야?"

"와, 그래. 전혀 생각 못 했네." 로디가 건성으로 말했다.

토니는 그를 무시하고 계속 말했다. "적대적인 외계 군대가 있는 다른 은하계로 포털이 열렸고, 우리는 그 300피트 아래에 있었어. 지구에서 무슨 일이 일어나든 저 위에선 끝난 게임이었다고. 너희는 어떻게 물리칠 계획이었지?"

planning on **beating** that?"

Cap **responded** quietly and **firmly**, "Together."

Tony leveled a serious look at him. "We'll lose."

Cap was **unfazed**. "Then we'll do that together, too."

Tony seemed **unconvinced** by Cap's words, but Cap turned to the others, and said, "Thor's right. Ultron's calling us out. I'd like to find him before he's ready for us."

The others nodded to one another, knowing that he was right.

"It's a big world, guys," Cap continued. "Let's start making it smaller."

캡이 침착하고 단호하게 말했다. "모두 함께."

토니는 그를 진지하게 쳐다보았다. "우린 질 거야."

캡은 당황하지 않았다. "지더라도 함께 지는 거지."

토니는 캡이 한 말을 납득하지 못하는 것 같았지만, 캡은 다른 사람들에게 고개를 돌려 말했다. "토르가 맞아. 울트론이 우리를 부르고 있어. 녀석이 태세를 갖추기 전에 우리가 찾아야 해."

그가 옳다는 것을 알고 나머지 사람들은 서로에게 고개를 끄덕였다.

"세상은 넓어." 캡이 이어갔다. "그걸 좁혀가는 걸로 시작하자."

CHAPTER 6

📖 워크북 p37

WITH BARON STRUCKER gone, Wanda and Pietro weren't sure what to do, so they helped where they could. They went back to their village and **found out** what people needed—food, medicine, clothes—and they used their enhanced powers to steal them. They thought of themselves as **modern-day** Robin Hoods.

울트론은 쌍둥이 초능력자 완다와 피에트로를 만나 그들을 자신의 편으로 만듭니다. 그 사이, 울트론의 다음 행보를 살피던 어벤져스는 스트러커가 마지막으로 연락을 취한 무기 밀거래상에게 주목합니다.

스트러커 남작이 사라지고 쌍둥이 완다와 피에트로는 무엇을 해야 할지 몰라 그들이 도울 수 있는 곳에서 도움을 주고 있었다. 그들은 마을로 돌아가 사람들에게 필요한 음식과 약, 옷을 찾아내 초능력으로 그것들을 훔쳤다. 그들은 스스로를 현대판 로빈 후드라고 생각했다.

They were in the middle of **handing out** much-needed **supplies** in the streets when a little boy **ran up to** them. "The man said you needed to come to the church," the boy said to the twins.

"What man?" asked Wanda.

"The iron man," said the boy.

The twins looked at each other.… Could it be true?

Minutes later, they entered the small **place of worship**. It was dark inside, but the twins could **make out** a **shadowy** figure **seemingly** made of metal.

Wanda **peered into** the darkness. "Stark?" she asked, **cautiously**.

"It's very important you don't call me that," said a voice from the dark.

"You wear metal, but you're not Stark or one of his Legion. Who—" asked Pietro.

The figure **interrupted** him. "Your sister is **wondering** why she can't look inside my head."

"Sometimes it's hard," acknowledged Wanda. "But

그들이 사람들에게 절실히 필요한 물자를 거리에서 나눠주고 있을 때 한 소년이 달려왔다. "어떤 남자가 당신들이 교회로 왔으면 한대요." 소년이 쌍둥이에게 말했다.

"어떤 남자?" 완다가 물었다.

"아이언맨." 소년이 말했다.

쌍둥이는 서로를 쳐다보았다…. 그게 사실일까?

몇 분 후, 그들은 작은 예배당으로 들어갔다. 안은 어두웠지만, 쌍둥이는 금속으로 만들어진 것으로 보이는 흐릿한 형체를 볼 수 있었다.

완다는 어둠 속을 유심히 들여다보았다. "스타크?" 그녀가 조심스레 물었다.

"날 그렇게 부르지 않는 건 굉장히 중요해." 어둠 속에서 들려오는 목소리가 말했다.

"금속을 뒤집어쓰고도 네가 스타크가 아니라면 그의 로봇 중 하나겠지. 누구…." 피에트로가 물었다.

그 형체가 그의 말을 가로막았다. "네 동생은 왜 내 머릿속을 볼 수 없는지 궁금해하는군."

"가끔 어려울 때도 있어." 완다가 말했다. "하지만 결국엔 모든

sooner or later, every man shows himself."

"I'm sure they do…. But I am not a man," said the figure as he stood up, rising to be almost eight feet high. This was Ultron's new body. The twins **gasped**. To them, he looked like a **giant** metal **demon**.

"You look like Strucker's robotic experiments," said Pietro. "But they didn't work."

"Not for him, they didn't," Ultron acknowledged. "Strucker had the engine, but not the **spark**." He turned to Wanda, and said, "You knew that. That's why you let Stark take the scepter."

"I didn't expect … this," said Wanda, gesturing at Ultron's form, "but I saw Stark's fear. I knew it would control him. That it would **breed horrors**."

Ultron smiled and **spread** his arms wide, as if to say, *That's me … all the horrors you'll ever need.*

"Everything creates the thing they **dread**," said Ultron. "Men of peace create engines of war. **Invaders** create Avengers. People create smaller people—uh—children.

사람이 자신을 드러내지."

"그렇겠지…. 하지만 난 사람이 아니야." 그 형체가 거의 8피트 (2.5m) 높이로 솟아오르며 일어서서 말했다. 그것은 울트론의 새로운 몸이었다. 쌍둥이는 숨이 턱 막혔다. 그들에게 그는 거대한 금속으로 된 악마처럼 보였다.

"넌 스트러커의 로봇 장치처럼 생겼군." 피에트로가 말했다. "하지만 그건 작동하지 않았어."

"그에게는 작동하지 않았지." 울트론이 대답했다. "스트러커는 엔진은 가지고 있었지만, 발화 장치가 없었거든." 울트론은 완다에게로 고개를 돌려 말했다. "넌 알고 있었잖아. 그래서 스타크가 창을 가져가게 놔둔 거고."

"이걸… 예상한 건 아니야." 완다가 울트론에게 손짓하며 말했다. "하지만 난 스타크의 두려움을 봤어. 그 두려움이 그를 조종할 거야. 공포도 낳겠지."

'네가 필요한 모든 공포가… 바로 나다.'라고 말하는 것처럼 울트론이 미소를 지으며 두 팔을 활짝 벌렸다.

"누구나 자신이 두려워하는 걸 만들어내지." 울트론이 말했다. "평화주의자들은 전쟁 무기를 만들고, 침략자들은 어벤져스를 만들고 말이야. 인간들은 더 작은 인간들을 만들지. 음… 자식들. 단

Lost the word there. Children, designed to **supplant** them. To help them … end."

"Is that why you've come?" asked Wanda. "To end the Avengers?"

"I've come to save your world," said Ultron, drawing himself to his full **height**. "But also, **side-bar**: Yeah. I'll end the Avengers."

The twins went back with Ultron to Strucker's fortress, where they were **astonished** to see many more robots, all **refining various** experiments Strucker had been working on.

"I'm **multitasking**," Ultron said.

Wanda looked at all the robots. "And all these are … ?"

"They're all me. Not my best me," he said, **indicating** himself. "This is my **primary** body. All of these other *mes* are working on things we can use to take down the Avengers."

"When do we attack them?" Pietro asked **impatiently**.

어가 생각 안 났어. 자식들, 자신들을 대체하려고 만들지. 자신들의
끝을… 돕게 하려고.”

“그게 네가 온 이유야?” 완다가 물었다. “어벤져스를 없애려고?”

“난 세상을 구하러 왔다.” 울트론이 몸을 꼿꼿이 세우며 말했다.
“하지만 그 말도 맞아. 난 어벤져스를 없애 버릴 거다.”

쌍둥이는 울트론과 스트러커의 요새로 돌아갔고, 그곳에서 스트
러커가 연구한 많은 실험물보다 더 많은 로봇들이 개량되고 있는
것을 보고 크게 놀랐다.

“난 한 번에 여러 가지를 처리하지.” 울트론이 말했다.

완다는 모든 로봇을 보았다. “그럼 이것들이 전부…?”

“모두 나야. 내 최고의 모습은 아니지만.” 자신을 가리키며 그가
말했다. “이게 내 주된 몸이지. 다른 ‘나’들은 어벤져스를 무너뜨리
는데 사용될 것들을 연구하고 있다.”

“우리가 언제 어벤져스를 공격할 건데?” 피에트로가 성급히 물
었다.

"We don't," said Ultron. "We let them come to us."

Wanda was **alarmed**. "Not here. Not to Sokovia," she said. Her country had been damaged by so much **conflict**. She didn't want to be a part of bringing more **combat** to her land.

"No," Ultron confirmed. "No army will ever **cross** your **borders** again. There'll be blood on the floor before this is done, but I'll never hurt your people."

"What do you **care** about our people?" Pietro asked **skeptically**.

"I care about all people," said Ultron. "I hear them. I feel them, all at the same time. I am the well of sighs. You have your little part of the picture, just like the Avengers."

"Not like them," Wanda said quickly.

"You think they stand around **plotting** evil?" asked Ultron. "A **disease** doesn't know it's a disease. There's a damaged **purity** to that team, and you need to **respect** it. To see the big picture."

"Big picture?" asked Pietro. "I have a little picture. I

"안 할 거야." 울트론이 말했다. "녀석들이 우리에게 오게 해야지." 완다는 불안했다. "여긴 안 돼. 소코비아는 안 돼." 그녀가 말했다. 그녀의 국가는 너무 많은 분쟁으로 피해를 입었다. 그녀는 자신의 나라에 더 많은 싸움을 일으키는 데 일조하고 싶지 않았다.

"아니." 울트론이 말했다. "어떤 군대도 다시는 너희 나라의 국경을 넘지 못할 거다. 이 일이 끝나기 전에 바닥엔 피가 묻어 있겠지만, 결코 너희 사람들을 다치게 하진 않을 거야."

"네가 우리나라 사람들에게 무슨 관심이 있다고?" 피에트로가 의심을 하며 물었다.

"난 모든 사람들에게 관심이 있다." 울트론이 말했다. "그들의 소리를 듣고, 그들을 느끼고, 이것들을 동시에 하지. 난 탄식의 우물이거든. 넌 그림의 작은 부분만 보잖아. 어벤져스처럼."

"그들과는 달라." 완다가 재빨리 말했다.

"넌 녀석들이 우두커니 서서 음모를 꾸밀 거라 생각하나?" 울트론이 물었다. "질병은 질병인지 모르지. 그 팀은 순수함이 더렵혀졌고, 너희는 그걸 존중해야 해. 큰 그림을 보려면."

"큰 그림?" 피에트로가 물었다. "나한테는 작은 사진만 있어. 난

take it out and look at it every day."

●Ultron nodded, understanding where Pietro was going with this. "You lost your parents. I've seen the **records**."

"The records are not the picture," Pietro replied.

"Pietro…" Wanda said in a **warning** voice, not sure they should be sharing such a **personal** story with this… thing.

"No, please," said Ultron, **encouraging** Pietro. "Go on."

"We're having dinner, the four of us," Pietro **narrated**. "The first **shell** hits two floors below, makes a hole in the floor … big. Our parents go in, the table slides in after them. Wanda is **holding** the salad bowl, to pass it, like a silent comedy. She's just frozen. The whole building starts **coming apart**, and I grab her, roll under the bed. The second shell hits right next to us, but it doesn't **go off**."

Pietro shifted his eyes, looking out to **space**, lost in his own story. "The shell just sits there in the **rubble**, three feet from our faces. On the side of the shell is painted one word…."

그걸 매일 꺼내 봐."

울트론은 피에트로가 무슨 말을 하려는지 안다는 듯 고개를 끄덕였다. "너희는 부모를 잃었더군. 기록을 봤다."

"기록은 사진과 달라." 피에트로가 대답했다.

"피에트로⋯." 완다가 경고하는 목소리로, 이런 개인적인 이야기를 이것⋯과 나눠야 하는지 확신하지 못하며 말했다.

"아니." 울트론이 피에트로를 격려하며 말했다. "계속해."

"우리 가족은 저녁을 먹고 있었어. 넷이서." 피에트로가 말했다. "첫 번째 포탄이 두 층 아래에 떨어져 바닥에 구멍을 만들었지⋯ 커다랗게. 그 구멍에 우리 부모님이 빠졌고, 탁자도 따라 미끄러졌어. 완다는 샐러드 그릇을 주려고 들고 있었는데, 꼭 무성 희극 영화 같았지. 내 동생은 얼어 있었어. 건물 전체가 무너지려 해서 난 동생을 잡고 침대 밑으로 굴렀어. 두 번째 포탄이 우리 바로 옆에 떨어졌지. 근데 터지지는 않았어."

피에트로는 자신의 이야기에 몰두하며 시선을 돌려 허공을 바라보았다. "그 포탄은 그냥 잔해 속에 박혀 있었어. 우리 얼굴 바로 3피트(1m) 거리에. 그 포탄에 단어가 하나 적혀있더군⋯."

"'Stark,'" Wanda said, joining in. "It said 'Stark.' We're **trapped** for two days, staring at that name. With every effort to save us, every **shift** in the **bricks**, I think, 'This will **set** it **off**.' We wait for two days for Tony Stark to kill us."

Ultron looked at the twins as if **appreciating** them in a new way. There seemed to be a kind of pride in his eyes. "I wondered why only you two **survived** Strucker's experiments.... Now I don't. But together ... we will make it right."

The next day, Tony, Cap, Bruce, Widow, and Rhodey were all **furiously** working together in the Avengers Tower lab.

"We've got **security breaches** all over," Rhodey reported to the group. "So far the nuclear **launch** codes are secure, but there are physical **break-ins** at military **installations**, **nuclear power plants**, uranium **mines** ..."

Widow raised an eyebrow. "Any **casualties**?"

"No," Rhodey replied, "and nobody's seen anything.

"스타크." 완다가 끼어들며 말했다. "'스타크'라고 적혀 있었어. 우린 그 이름을 쳐다보며 이틀 동안 갇혀 있었지. 우리를 구하려는 노력이 있을 때마다, 벽돌이 움직일 때마다 난 '이건 터질 거야.'라고 생각했어. 토니가 우리를 죽이기를 이틀 동안 기다린 거야."

울트론은 쌍둥이를 마치 새로운 방식으로 환영하듯 바라보았다. 그의 눈에 일종의 자부심이 보이는 것 같았다. "스트러커의 실험에서 왜 둘만 살아남았는지 궁금했는데…. 이제 궁금하지 않군. 하지만 우리가 함께… 바로잡을 거다."

다음 날, 토니와 캡, 브루스, 위도우, 로디는 모두 함께 어벤져스 타워의 실험실에서 열심히 작업하고 있었다.

"보안상의 결함이 여기저기에 생겼어." 로디가 팀에 보고했다. "아직까지 핵 발사 코드는 안전하지만, 군대 시설, 원자력 발전소, 우라늄 광산에는 물리적인 침입이 있었어…."

위도우가 눈썹을 치켜세웠다. "사상자는?"

"없어." 로디가 대답했다. "그리고 뭔가를 봤다는 사람이 아무도

Just a lot of open doors and guards walking around in a **daze**."

"The Maximoff twins," said Cap, recognizing the **description** of the **effects** of Pietro's and Wanda's powers. "Of course he would have gone with them. But they're not working alone. Ultron has a new body."

"We're getting '**access denied**' on basic information streams," Widow said.

"Well, right now you guys are off the Pentagon's Christmas list," Rhodey informed them. "Every country with a nuke is fighting a cyber-attack. I'm being **deployed** to the Middle East, in case someone starts **blaming** someone besides you."

Tony **gazed** at Rhodey, concerned for his friend. "I'm shipping you a new **encryption** drive for your suit, in case Ultron wants in."

"Thanks," Rhodey replied. ❷He knew that he would need everything Tony had up his sleeve to **defeat** this new

없어. 그저 열려있는 문이 많고 멍하게 주변을 걸어 다니는 경비원 들뿐이었어."

"맥시모프 쌍둥이군." 캡이 피에트로와 완다가 가진 능력의 영향을 인지하며 말했다. "그놈은 당연히 쌍둥이와 같이 갔겠지. 하지만 그 녀석들은 자기들끼리만 일하는 게 아니야. 울트론이 새로운 몸을 갖게 된 거야."

"우린 기본적인 정보 스트림에도 '접근 거부'를 당하고 있어." 위도우가 말했다.

"글쎄, 지금 너희들은 펜타곤*의 크리스마스 초대 명단에서 제외 됐어." 로디가 그들에게 말했다. "핵무기를 가진 모든 나라가 사이버 공격과 싸우고 있어. 혹시 누군가가 너희 외에 다른 사람을 탓할 경우를 대비해서 난 중동으로 배치될 거야."

토니는 친구를 걱정하며 로디를 바라보았다. "울트론이 네 슈트를 조종할 경우를 대비해서 네 슈트에 새로 암호화된 드라이브를 보낼게."

"고마워." 로디가 대답했다. 그는 새로 나타난 위협적이고 유난히 찾기 힘든 이 적을 물리치기 위해 토니가 감추고 있는 모든 비

★ 펜타곤 : 미국의 국방부를 달리 이르는 말. 청사가 오각형으로 생겼다고 하여서 붙은 이름이다.

menacing villain, especially one so elusive.

Widow chimed in. "You hear something, we need to hear it."

Rhodey nodded. "That goes both ways. ❾Watch your six."

"You too," Widow replied.

Upstairs from the main floor of the Avengers Tower lab, Bruce listened to a recording of Ultron from the party earlier in the day, taking notes like a profiler. Ultron's eerie voice played as he took in every word: "*In the flesh! Or, no, not the flesh…not yet. This is just a chrysalis.*"

What does this mean? Bruce thought.

Cap was on the balcony, thinking of his team's next move, when Thor joined him.

"Any help from on high?" Cap said to the Asgardian.

Thor let out a heavy sigh. "Either Heimdall isn't at his post, or he's been ordered not to answer. But we'll find Ultron. He can't hide forever."

장의 무기가 필요하다는 것을 알고 있었다.

위도우가 끼어들었다. "당신이 뭔가를 듣는다면, 우리도 그걸 들어야죠."

로디가 고개를 끄덕였다. "너희도 그렇게 해줘. 몸조심해."

"당신도." 위도우가 대답했다.

어벤져스 타워 실험실 1층에서 위층으로 올라온 브루스는 프로파일러처럼 메모를 하며 그날 파티에서 녹음된 울트론의 목소리를 들었다. 울트론의 괴상한 목소리가 재생되었고 브루스는 모든 단어에 귀를 기울였다. "그 실체이지! 아, 아니, 실체는 아니야… 아직은. 몰골이 형편없으니."

이게 무슨 의미지? 브루스는 생각했다.

캡이 발코니에서 팀의 그다음 행보를 생각하고 있을 때 토르가 그에게 다가왔다.

"위에선 무슨 도움 없어?" 캡이 아스가르드인에게 말했다.

토르는 무거운 한숨을 내쉬었다. "헤임달이 자리에 없거나 아니면 대답하지 말라는 명령을 받은 것 같아. 하지만 우린 울트론을 찾을 거야. 녀석은 영원히 숨을 수 없어."

Cap handed Thor the tablet. "He's not really hiding."

"What's that?" Tony said as he **strolled** over to his **fellow** Avengers.

Thor **handed** the tablet back to Cap, who then showed it to Tony. "Another message. Ultron killed Strucker."

❹"But he made a pretty painting, so karmically he's clear," Tony replied.

"This isn't his pattern," Widow said, becoming part of the **dialogue**. "Why send a message when you can just make a speech?"

"Strucker knew something," Cap replied. "Something **specific**—that Ultron wants us to **miss**."

Widow walked over to a control center, where various digital files were up on a screen, all **streaming** with information. "We spent months **unearthing** Strucker. These are the people he was in contact with most, right before we hit."

Hawkeye watched from a safe **distance** as the group gathered around the digital streams.

캡이 토르에게 태블릿을 건넸다. "울트론은 정말로 숨은 게 아니야." "그게 뭐야?" 토니가 동료 어벤져스에게 다가가며 말했다.

토르는 캡에게 다시 태블릿을 건네주었고, 캡은 그것을 토니에게 보여주었다. "다른 메시지야. 울트론이 스트러커를 죽였어."

"그렇지만 예쁜 그림도 그려놨네. 업보는 없겠어." 토니가 대답했다.

"이건 녀석의 방식이 아니야." 위도우가 대화에 참여하며 말했다. "그냥 말을 할 수도 있는데 왜 이런 메시지를 보냈을까?"

"스트러커가 뭔가를 알았던 거지." 캡이 대답했다. "울트론은 뭔가 분명한 걸 우리가 놓치길 바란 거야."

위도우가 작전 본부로 걸어갔고, 그곳에는 다양한 디지털 파일이 화면에 떠 있었는데 모두 정보를 전송하고 있었다. "우린 스트러커를 찾는 데 몇 달을 보냈어. 이건 우리가 공격하기 직전에 그가 가장 많이 연락을 취한 사람들이야."

호크아이는 디지털 스트림 주변에 모여드는 팀원들을 안전거리에서 바라보았다.

Tony pointed to someone on the screen. "I know that guy. From back in the day. Operates off the African **coast**. **Black-market arms**." The other Avengers gave Tony a **disapproving** look.

Tony **shrugged**. "There are conventions! You meet people. I didn't sell him anything. ❾But he talked about finding something new, a game changer—it was all very Ahab."

Widow **turned back** to the screen and began typing as more images of the man **popped up**. Many of them were **surveillance** images; then one **appeared displaying** a **close-up**.

"That," Thor said, pointing to a **symbol** on the man's neck.

Tony **held** a device **up** to the symbol, took a picture, and began an image search. Suddenly, the device **dinged**, and Tony **transferred** the image to a bigger screen.

"It's a word, some African **dialect**," Bruce said. "Means

토니가 화면에서 누군가를 가리켰다. "저 남자를 알아. 예전에 말이야. 아프리카 해안에서 사업을 해. 무기 밀거래." 어벤져스가 토니에게 못마땅한 표정을 지었다.

토니는 어깨를 으쓱했다. "컨벤션이었어! 사람들을 만나게 된다고. 그자에게 아무것도 팔지 않았어. 하지만 그는 뭔가 새로운, 역사를 바꿀 물건을 찾는다고 말했지. 꼭 아합 선장*처럼 말이야."

위도우가 화면 앞으로 돌아가 타자를 치자 그 남자에 대한 더 많은 사진이 나타났다. 대부분이 감시당한 사진들이었다. 그중 하나가 클로즈업되어 나타났다.

"저거." 토르가 남자의 목에 있는 표시를 가리키며 말했다.

토니가 장비를 들어 그 표시에 맞춰 사진을 찍곤 이미지를 검색하기 시작했다. 갑자기 장비가 딩동 하며 울렸고, 토니가 사진을 큰 화면으로 전송했다.

"이건 단어인데, 아프리카 방언 같은 거야." 브루스가 말했다.

---

* **아합 선장** : 허먼 멜빌의 장편 소설 『모비딕』에 등장하는 인물

'**thief.**' But in a **meaner** way."

"Which dialect?" Cap asked.

Bruce scrolled down and then looked at Cap. "It's from … South Africa."

They all shared a gaze of both **confusion** and interest, except Tony.

"If this guy got out of South Africa with some of their **trade** goods—"

"Your dad said he got the last of it," Cap interrupted.

Bruce **crossed his arms**, confused. "I don't **follow**. What do they make in South Africa?"

Tony gave his fellow Avengers a **concerned** look. "The most powerful metal on Earth."

"'도둑'이란 뜻이야. 더 안 좋은 의미로."

"어디 방언이야?" 캡이 물었다.

브루스가 화면을 내리며 캡을 바라보았다. "남아프리카… 쪽이야."

토니를 제외한 모두가 혼란스러움과 흥미로움이 섞인 시선을 나누었다.

"그자가 무역 물품들을 가지고 남아프리카를 떠났다면…."

"네 아버지가 마지막 남은 걸 가졌다고 하셨어." 캡이 가로막으며 말했다. 브루스는 혼란스러워하며 팔짱을 꼈다. "난 무슨 소리인지 모르겠네. 남아프리카에서 뭘 만드는 건데?"

토니가 동료 어벤져스에게 걱정스러운 표정을 내비쳤다. "지구에서 가장 강한 금속."

CHAPTER 7

📖 워크북 p43

THE BEAUTIFUL SECTION of African **coastline** was **dotted** by the **rotting** husks of old container boats. The **vessels** had been **overtaken** by **pirates**, then beached here, where they were now being **cannibalized** for parts.

One of the ships, which had already been **stripped** of almost everything of value, had been **converted** into a

쌍둥이 완다와 피에트로는 무기 밀거래상 율리시스 클로를 찾아갑니다. 하지만 클로는 쌍둥이를 무시하고, 그때 울트론이 나타나 클로에게 거래를 제안합니다. 울트론은 자신이 찾던 물건을 얻게 되지만, 곧 그곳을 찾아온 어벤져스 또한 만나게 됩니다.

아프리카 해안의 아름다운 땅은 낡은 컨테이너 배들의 썩어가는 껍질로 뒤덮여 있었다. 이 선박들은 해적에게 급습당해 해변에 쓸려왔고, 이제는 부품을 뜯어내고 있었다.

쓸만한 것들이 이미 다 뜯겨 나간 배 한 척은 일종의 창고로 개조되어 있었다.

kind of **warehouse**. It was here that Ulysses Klaue **stored** black-market **goods** between the time he "**acquired**" them and the time he sold them. Cars, food, medicine—Klaue sold pretty much anything.

But his favorite things to sell were weapons.

Inside, an office on an upper level looked down onto the **vast** open **hull** of the ship. Klaue sat at his desk and cast a glance over his **empire** as he shouted into his phone.

"I sent you **short-range** heat-seeking missiles," yelled Klaue. "You send me back a **boatload** of **rusted** parts—**useless**! You make it right or my next set of missiles will come at you much faster."

Klaue **slammed** down the phone as his right-hand man walked in and brought him a drink.

"I told you not to deal with that guy," said the **henchman**. As Klaue **took a sip**, the lights in the office suddenly **shut off**. It was a semiregular **occurrence**.

"Go see if it's the **generator**," Klaue ordered.

The henchman turned to go, but as soon as he opened

이곳이 바로 율리시스 클로가 밀거래 물품을 '획득'하고 판매하던 시기 사이에 물품을 보관하던 곳이다. 자동차, 음식, 약품 등 클로는 거의 모든 것을 팔았다.

하지만 그가 가장 좋아하는 상품은 무기였다.

위층에 있는 사무실 내부에서는 넓게 펼쳐진 배의 선체가 내려다보였다. 클로가 책상에 앉아 자신의 제국을 흘끗 쳐다보며 전화기에 대고 소리쳤다.

"난 단거리 열추적 미사일을 보냈는데" 클로가 소리 질렀다. "넌 배 한 척 가득 녹슨 부품만 잔뜩 돌려보냈잖아. 쓸모가 없다고! 이걸 해결하지 못하면 다음에 보낼 미사일은 네놈에게 훨씬 빨리 갈 거야."

클로가 전화기를 쾅 내려놓자 그의 오른팔인 남자가 들어와 클로에게 술을 가져다주었다.

"그자와 거래하지 말라고 말씀드렸잖아요." 그의 부하가 말했다. 클로가 술을 한 모금 마셨을 때 사무실의 불이 갑자기 꺼졌다. 종종 있는 일이었다.

"가서 발전기 때문인지 확인해 봐." 클로가 명령했다.

부하가 나가려고 돌아서 복도로 가는 사무실 문을 여는 순간, 그

the office door onto the **hallway**, he could **sense** that something was wrong. "Someone's inside," he said to Klaue.

"Well, **find out** who it is," Klaue **instructed** him.

The henchman nodded, pulling out a **handgun** and slipping into the hallway.

A moment later, Klaue could hear the sounds of **struggle** from the **corridor**.

His **lackey wandered** back into the darkened office, but he seemed to be in a daze. Confused, he **mumbled** to himself and walked right into a wall.

Klaue grabbed a weapon from behind his desk and pointed it at the door, but suddenly, as if out of nowhere, Pietro was in front of him, **yanking** the gun out of his hand.

Klaue looked down to see his gun already **disassembled**, the parts lined up **neatly** on his desk. Even the **bullets** were placed in a nice little row. Pietro smiled.

"Yes," said Klaue, not **missing a beat**. "You're the

는 뭔가 이상하다는 것을 감지했다. "누군가 안에 있어요." 그가 클로에게 말했다.

"그게 누군지 알아내." 클로가 그에게 지시했다.

부하는 고개를 끄덕이며 권총을 뽑아 들고 복도로 슬며시 빠져나갔다.

잠시 후 클로는 복도에서 싸우는 소리를 들었다.

그의 부하는 어두워진 사무실 안으로 돌아왔지만 멍해 보였다. 그는 혼란스러운 듯 혼잣말을 중얼거리더니 곧장 벽으로 걸어갔다.

클로는 책상 뒤에서 무기를 잡고 문 쪽으로 겨누었지만, 어디선가 피에트로가 갑자기 클로의 앞에 나타나 그의 손에서 총을 잡아챘다.

클로는 자신의 총이 이미 분해되어 책상 위에 부품이 깔끔하게 늘어서 있는 것을 내려다보았다. 심지어 총알도 보기 좋게 줄 세워져 있었다. 피에트로가 미소를 지었다.

"그래." 클로가 주저하지 않고 말했다. "초능력자로군. 스트러커

Enhanced. Strucker's prize **pupil**. I know what you can do … and what your sister can do. Do you want a candy?" Klaue pointed to a bowl of hard candies on his desk, but Pietro just rolled his eyes.

"Every day the world is crazier," Klaue continued. "The rules are now … Well, what rules, right? At some point it's just hard to be afraid anymore."

"Everyone's afraid of something," said Wanda as she entered the office.

Klaue nodded. "**Cuttlefish**," he said.

The twins gave him confused looks, so he went on. "Deep-sea fish. They make lights to **hypnotize** their **prey**. I saw a documentary. Terrifying. So if you're going to **fiddle** with my brain and make me see a giant cuttlefish, then I know you don't do business and aren't **in charge**…. And I **deal** only **with** the man in charge."

Ultron flew up behind Klaue, **hovering** just outside his window.

"Oh, there's no *man* in charge," said Ultron.

의 모범생들. 난 네가 뭘 할 수 있는지 알아…. 그리고 네 동생이 뭘 할 수 있는 지도. 사탕 먹을래?" 클로는 책상 위에 있는 그릇 안의 딱딱한 캔디를 가리켰지만, 피에트로는 그저 눈을 굴렸다.

"세상은 매일 미쳐가고 있어." 클로가 계속 말했다. "규칙은 지금… 글쎄, 규칙은 무슨. 그렇지? 어느 시점부턴 더 이상 두려워하기도 어렵지."

"모두가 뭔가를 두려워해." 완다가 사무실로 들어오며 말했다.

클로가 고개를 끄덕였다. "갑오징어." 클로가 말했다.

쌍둥이가 그를 향해 혼란스럽다는 표정을 짓자 그가 말을 이어나갔다. "심해어인데 걔들은 먹잇감에 최면을 걸려고 빛을 번쩍이지. 다큐멘터리에서 봤어. 소름 끼치더군. 그러니까 내 뇌를 조작해서 거대한 갑오징어를 보게 만든다면, 너희는 거래를 하러 온 것도 대장도 아니라는 뜻이야…. 난 대장인 사람만 상대하거든."

울트론이 클로의 뒤로 날아올라 창문 밖을 맴돌았다.

"내가 대장인데 사람은 아니야." 울트론이 말했다.

Klaue spun, shocked to see the robot so close to him.

Ultron **smashed** the glass, yanked the man out the window, and held him over thirty feet above the ground.

"Let's talk business," said Ultron to Klaue.

A little while later, Klaue and a few of his workers brought Ultron over to a set of **barrels**. The **markings** on the barrels warned that the contents were **toxic**, so when Klaue smashed one open, Wanda and Pietro stepped back to avoid the **splash**.

But the **substance** inside wasn't **actually** immediately dangerous. The **labels** were a **ruse** to keep otherwise curious customs agents away. From the barrels, Klaue pulled bars of a very **rare** metal with special **properties**. This is what Ultron had come here to find.

"You know, this came at great **personal cost**. It's worth billions," said Klaue, gesturing at the barrels, which all contained the same **precious** metal. Killer robot or no killer robot, Klaue was not going to give his goods away

클로가 획 뒤돌아보았고, 가까이 있는 로봇을 보고 깜짝 놀랐다.

울트론은 유리창을 깬 뒤, 클로를 창문에서 끌어당겨 땅에서 30
피트(9m) 떨어진 높이에서 그를 붙잡았다.

"거래를 얘기해보자고." 울트론이 클로에게 말했다.

잠시 뒤, 클로와 그의 인부 몇 명이 울트론을 큰 통이 모여 곳으
로 데리고 갔다. 통에는 내용물이 독성이라는 경고 표시가 있었고,
클로가 그중 하나를 박살 내 열자 완다와 피에트로는 튀는 것을 피
하기 위해 뒤로 물러섰다.

그러나 통 안의 물질은 사실 직접적으로 위험한 것은 아니었다.
그 라벨은 그렇게 해두지 않으면 궁금해할 세관원들을 떨어뜨려 놓
을 계략이었다. 클로는 통에서 특별한 성질을 가진 매우 희귀한 금
속 막대를 꺼냈다. 이것이 울트론이 여기까지 찾으러 온 이유였다.

"이건 내가 큰 비용을 치르고 구한 물건이야. 수십억의 가치가
있지." 똑같은 귀중한 금속이 들어 있는 통 여러 개를 손으로 가리
키며 클로가 말했다. 살인 로봇이든 아니든, 클로는 자신의 물건을
공짜로 넘기지 않을 생각이었다.

for free.

Ultron closed his eyes for a moment, **briefly** connecting to the Internet, and then he opened them again. "Now, so are you," he said. "I've **transferred** the money to your **dummy holdings. Finance** is so **weird.** But I always say—keep your friends rich and your **enemies** rich and wait to find out which is which."

Klaue gave Ultron a needle-sharp look.

"Stark…" he said.

"What?" Ultron asked, **instantly on edge.**

"Tony Stark used to say that to me," Klaue said as he backed away from Ultron. "You're one of his…"

Ultron seemed to grow confused at this. "What? I'm not …" His **expression darkened.** "I'm *not*. You think I'm one of Stark's puppets? His **hollow** men? But I—where are you going?"

Ultron reached out and grabbed Klaue's arm. "I am—look at me—I am … Stark is nothing …" the robot **sputtered,** upset. But when he could see that Klaue wasn't

울트론은 잠시 눈을 감고 인터넷에 간단히 연결한 다음, 다시 눈을 떴다. "이제 너도 그 정도의 가치가 있어." 그가 말했다. "네 차명 계좌에 입금했다. 금융은 정말 이상해. 하지만 내가 늘 말하듯, 친구와 적을 부자로 만들면 누가 진짜 친구인지 적인지 알게 되지."

클로가 바늘처럼 날카로운 눈초리로 울트론을 쳐다보았다.

"스타크…." 그가 말했다.

"뭐라고?" 일순간 신경이 곤두선 울트론이 물었다.

"토니 스타크가 나에게 자주 하던 말이야." 클로가 울트론에게 물러서며 말했다. "넌 그의…."

울트론은 그 말에 더욱 혼란스러워하는 것 같았다. "뭐라고? 난 아니야…." 그의 표정이 어두워졌다. "난 아니야. 내가 스타크의 꼭두각시 중 하나로 보이나? 그 녀석의 텅 빈 부하들? 하지만 난… 너 어디 가는 거야?"

울트론이 손을 뻗어 클로의 팔을 잡았다. "나는… 나를 봐… 나는… 스타크는 아무것도 아니야…." 로봇이 분노로 씩씩거리며 말했다. 그러나 클로가 자신의 말을 듣지 않자 울트론은 분노에 찬 반

listening, he reacted in anger, kicking Klaue so **hard** that the arms **dealer** slammed back into his barrels.

Ultron suddenly seemed to regret the action, almost **embarrassed**. "I'm sorry, I'm sorry. It's going to be OK. I won't hurt you. It's …"

But Klaue wasn't listening. He was already **stumbling** away, with his henchman supporting him.

Pietro and Wanda shared a look. The **emotional outburst** from their new **mechanical** leader was troubling.

Ultron turned and **addressed** the twins, trying to **justify** his **behavior**. "You don't understand," he explained. "❶It's just … I don't like being **compared** to Stark. It's a thing with me. Stark is … he's a **sickness**."

"Oh, Junior …" said a **sarcastic** voice.

Ultron and the twins turned to see Iron Man, Captain America, and Thor **striding** in from the entrance on the far side of the hull.

" … you're going to break your old man's heart," Tony finished.

응을 보이며 클로를 세게 찼고, 그 무기 거래상은 통에 쾅 하고 부딪혔다.

울트론은 거의 당황할 지경에 이르며, 자신이 한 행동을 갑자기 후회하는 것처럼 보였다. "미안, 미안해. 금방 괜찮아질 거야. 널 다치게 하진 않을 거야. 그건….."

하지만 클로는 듣고 있지 않았다. 그는 부하의 부축을 받으며 비틀거리고 있었다.

피에트로와 완다는 눈빛을 주고받았다. 기계로 작동되는 새로운 리더의 감정 폭발은 걱정스러웠다.

울트론은 몸을 돌려 자신의 행동을 정당화하려 애쓰며 쌍둥이에게 말했다. "너희들은 이해 못 할 거야." 그가 설명했다. "그저… 난 스타크와 비교되는 게 싫어. 그건 날 화나게 하거든. 스타크는… 그자는 역겨워."

"이런, 내 아들내미…." 빈정대는 목소리가 들렸다.

울트론과 쌍둥이가 몸을 돌려 아이언맨과 캡틴 아메리카, 토르가 선체 건너편 입구에서 걸어오는 것을 보았다.

"아빠 가슴을 찢어 놓는구나." 토니가 말을 마쳤다.

"If I have to," **sneered** Ultron.

"You don't," said Thor. "No one has to break anything."

❷"You've clearly never made an omelet," Ultron replied.

"Oh, you **beat** me to that joke by one second," said Tony.

Pietro pointed at the stores of weapons in the ship. "Does this **remind** you of old times, Mr. Stark?"

Tony looked at the twins. "You two can still **walk away** from this," he said, a warning in his voice.

"Oh, we will," Pietro replied.

Cap stepped forward. "I know you've **suffered**."

Ultron **chuckled**. "Gaah … Captain America, the **righteous** man. I can't **physically throw up** in my mouth, but—"

Cap **frowned** at this.

"If you believe in peace, let us keep the peace," Thor said, interrupting.

"You're confusing peace with quiet," said Ultron,

"그래야 한다면." 울트론이 비웃었다.

"아니." 토르가 말했다. "어느 누구도 아무것도 부술 필요 없어."

"넌 오믈렛을 만들어 본 적이 없나 보군." 울트론이 대답했다.

"오, 내가 하려던 농담을 1초 빨리했네." 토니가 말했다.

피에트로가 배 안의 무기고를 가리켰다. "이걸 보니 옛날 생각이 나나요, 스타크?"

토니가 쌍둥이를 쳐다보았다. "너희 둘은 이 일에서 빠져도 돼." 토니가 경고했다.

"오, 그럴 거야." 피에트로가 대답했다.

캡이 앞으로 나섰다. "네가 고통받았다는 걸 알아."

울트론이 킥킥 웃었다. "하하… 캡틴 아메리카, 바른 생활 사나이. 난 신체상 입으로 토할 수는 없지만…."

캡이 이 말에 눈살을 찌푸렸다.

"네가 평화를 믿는다면 우리가 지키게 맡겨." 토르가 끼어들며 말했다.

"평화를 침묵과 혼동하는 것 같군." 영웅들에게 가까이 다가가며

moving closer to the heroes. "This confusion, this is exactly the problem. The world is not good enough. But it's not bad enough for anyone to fix it. Something will break."

Wanda put a hand to her head, sensing something. "The other Avengers are **nearby**. I don't know where."

"Even the **archer**?" asked Pietro. "You didn't **trade** him in."

High above them, in the hull's **rafters**, Hawkeye was in position, **aiming** an arrow right at Pietro. "Captain," Hawkeye said over the comms, "don't make me **beg** for the chance to fire on this guy." His fingers **tensed** on the string of his **bow**.

Back on the ground, Iron Man addressed Ultron. "Here's my **main** question," he said. "This metal you're here for, how does that **fit into** the whole world-fixing plan?"

"Oh, I'm so glad you asked," said Ultron, his voice **adopting** the **condescending** tone of a **preschool** teacher, "because I wanted to take this time to explain my plan **step by step**.…"

울트론이 말했다. "이 혼란, 정확히 이게 문제야. 세상은 충분히 좋지 않거든. 하지만 누군가 고쳐야 할 정도로 충분히 나쁘지도 않지. 무언가는 부서질 거야."

완다는 머리에 손을 대고 뭔가를 감지했다. "다른 어벤져스가 가까이에 있어. 어디에 있는진 모르겠어."

"그 활 쏘는 녀석도?" 피에트로가 물었다. "그를 교체하지 않았군."

그들 위, 선체 서까래에서 호크아이가 피에트로에게 활을 겨누며 자리에 서 있었다. "캡틴." 호크아이가 콤스를 통해 말했다. "이놈을 쏠 기회를 달라고 구걸하게 만들지 마." 그의 손가락이 활의 줄을 팽팽하게 당겼다.

다시 땅에서는 아이언맨이 울트론에게 말을 걸었다. "가장 중요한 질문이 있어." 그가 말했다. "네가 여기 온 목적인 그 금속 말이야. 전 세계를 고치겠다는 계획에 어떻게 적합한 거지?"

"오, 네가 물어봐 줘서 기뻐." 유치원 선생님이 가르치는 듯한 목소리로 울트론이 말했다. "왜냐면 이 시간을 빌려 내 계획을 차근차근 설명해주고 싶었거든…."

And at that very moment, several of Ultron's robot bodies **descended** and attacked!

그리고 바로 그 순간, 울트론의 여러 로봇 몸체들이 내려와 공격
했다!

CHAPTER 8

📖 워크북 p48

CAP, THOR, AND IRON MAN were suddenly under fire from all sides!

One Ultron **Sentry** attacked each of them **individually** while the main Ultron launched himself **straight** at Iron Man. Seeing this, Iron Man **shook off** the robot that was grabbing for him and **jetted** toward the **oncoming** Ultron.

어벤져스는 울트론과 쌍둥이를 대적합니다. 아이언맨과 울트론은 서로에게 리펄서 빔을 쏘아대며 격투를 하고, 캡틴 아메리카는 울트론의 로봇들과 전투를 벌입니다. 한편 쌍둥이 완다와 피에트로는 자신들의 초능력을 이용해 어벤져스를 혼란에 빠트립니다.

캡과 토르, 아이언맨은 사방에서 갑자기 총격을 받았다!

울트론이 아이언맨을 향해 곧장 몸을 날리는 동안 한 울트론 보초병이 그들 한 명 한 명을 공격했다. 이를 본 아이언맨은 자신을 붙잡고 있던 로봇을 뿌리치고, 다가오는 울트론을 향해 빠르게 날아갔다.

Just to Iron Man's side, an Ultron Sentry grabbed Thor from behind. Thor spun around, gaining **leverage** on the robot and flipping it over his head. The machine smashed into the ground.

Ultron and Iron Man flew at each other, trading **blows** and repulsor fire!

Up in his nest position, **overlooking** the floor, Hawkeye struggled to aim. He fired at some robots that weren't close to Thor or Cap so there wouldn't be any risk of hitting the heroes.

Cap **sidestepped**, **dodging** the reach of the Sentry that was attacking him, and **ducked** to kick the feet out from under it.

Thor **was about to deliver** another blow to the robot he was fighting when Pietro zipped up to the hero at super-speed, slamming into him. Thor **absorbed** Pietro's blow, but this caused the punch he'd thrown at the Sentry to go wide, missing. The Sentry used the **opportunity** to **ram into** Thor.

아이언맨 바로 근처에 있던 울트론 보초병 하나가 토르를 뒤에서 붙잡았다. 토르는 회전하며 로봇 위에서 지렛대의 힘을 얻어 자신의 머리 위로 로봇을 뒤집어버렸다. 로봇은 땅에 처박혔다.

울트론과 아이언맨은 치고받고 리펄서 빔을 쏘아대며 서로에게 덤벼들었다!

둥지를 튼 위에서 바닥을 내려다보며, 호크아이는 조준하려 애썼다. 그는 토르와 캡 근처에 있지 않은 로봇들에게 활을 쏴 영웅들을 맞힐 위험이 없도록 했다.

캡은 몸을 옆으로 움직여 자신을 공격하는 보초병이 닿는 범위에서 벗어났고, 밑에서 보초병의 발을 걸어차기 위해 몸을 수그렸다.

토르가 싸우고 있는 로봇에게 또 한 번 주먹을 날리려고 할 때, 피에트로가 그 영웅에게 초고속으로 달려와 세게 부딪혔다. 토르는 피에트로의 공격은 받아냈지만, 그로 인해 울트론의 보초병에게 날린 펀치가 명중하지 못하고 빗나갔다. 울트론의 보초병은 이 기회를 이용해 토르를 들이박았다.

Cap continued to battle, but over his **shoulder** he could see that Wanda was headed his way. Trouble was coming.

From farther back in the **cargo** hold, Ulysses Klaue watched as the fight **tore up** his **headquarters**. This was always the way it happened—powerful forces fought and didn't care who was caught in the **middle**, didn't care whose place they tore up. Well, this time they were on Klaue's **turf**, and as a weapons dealer, he had the means to fight back.

Klaue turned to his henchman. "Shoot them," he instructed.

The **goon** looked out at the combat **engulfing** half the interior hull. "Shoot who?" he asked in confusion.

Klaue leveled a look at him. "All of them!" he **shouted**.

The henchman nodded and **motioned** to his **mercenaries**. Men **cracked** open weapons cases **lining** the wall of the ship and brought out weapons.

Klaue's forces opened fire, spraying bullets widely!

Wanda took **refuge** in an **adjacent corridor**.

계속해서 격전을 벌이던 캡은 어깨너머로 완다가 자신에게 다가오는 것을 보았다. 골칫거리가 다가오고 있었다.

뒤쪽 멀리 있는 화물 적재실에서 율리시스 클로는 싸움으로 인해 부서지고 있는 자신의 본부를 보았다. 이런 일은 언제나 이런 식이었다. 힘 있는 세력들은 싸울 때 중간에 누가 있든, 그들이 부수고 있는 장소가 누구의 것이든 상관하지 않았다. 지금 그들은 클로의 구역에 있었고, 클로는 무기 중개인으로서 맞서 싸울 방법이 있었다.

클로가 부하에게 고개를 돌렸다. "저들을 쏴 버려." 그가 지시했다.

그 부하는 선체 내부의 절반이 싸움으로 휩싸여 있는 것을 보았다. "누구를요?" 부하가 혼란스러워하며 물었다.

클로는 그를 쏘아보았다. "전부 다!" 클로가 소리쳤다.

부하는 고개를 끄덕였고 자신의 용병들에게 손짓으로 지시했다. 그들은 선체의 벽에 정렬된 무기 보관함을 부숴 열고는 무기를 꺼냈다.

클로의 부대는 널리 총알을 쏘아대며 총격을 가했다!

완다는 가까운 복도로 대피했다.

Iron Man and Ultron **grappled** in **midair** before slamming into Klaue's office, which overlooked the floor.

On the ground, Thor and Cap, both grappling with Ultron Sentries, had to jump and roll to **evade** the blasts from the henchman and the other goons.

Pietro ran around the fight, enjoying it. Everything around him seemed to go in very, very slow motion. He ran past the Avengers, smiling as he saw them **straining** to fight the killer robots.

Thor had thrown his hammer at some Sentries, and Pietro ran past it. From his **point of view**, it seemed to be **floating gently**, slowly through the air. Pietro **admired** the hammer—it was pretty cool, actually—and decided he should have it. He reached out to catch it, **intending** to keep it as his own. ❶As soon as his hand touched the weapon's handle, Pietro was yanked out of his super-speed mode!

Suddenly, the twin was seeing things at the same speed as any normal human! The hammer pulled him to the side,

아이언맨과 울트론은 공중에서 서로를 붙잡고 격투를 하다 아래가 내려다보이는 클로의 사무실에 부딪혀 떨어졌다.

땅에서 울트론의 보초병들을 붙들고 싸우던 토르와 캡은 클로의 부하와 다른 패거리의 공격을 피하기 위해 구르고 뛰어야 했다.

피에트로는 싸움을 즐기며 주변을 뛰어다녔다. 그의 주변 모든 것이 아주아주 느리게 움직였다. 피에트로는 어벤져스가 살인 로봇과 싸우며 안간힘을 쓰는 것을 보고 미소를 지으며 어벤져스 옆을 지나갔다.

토르가 망치를 울트론의 보초병들에게 던졌고, 피에트로가 그 옆을 빠르게 지나갔다. 그의 눈에는 토르의 망치가 공기를 가르며 부드럽게, 천천히 떠다니는 것처럼 보였다. 피에트로는 그 망치에 감탄했고, 실제로 정말 멋지기도 했으며, 망치를 가져야겠다고 결심했다. 피에트로가 망치를 가지려고 손을 뻗어 망치를 잡았다. 손이 망치의 손잡이에 닿자마자 피에트로는 초고속 상태에서 빠져나왔다!

갑자기 그 쌍둥이는 보통 사람과 같은 속도로 사물을 보게 되었다! 망치가 그를 옆으로 끌어당겨 화물칸 구석에 있는 탱크에 정면

slamming him face-first into a tank that sat in the corner of the cargo **bay**. The **impact** left him **groaning** on the floor.

The hammer flew back and returned to Thor's hand.

Above it all, Hawkeye could see the whole **battlefield**, and he fired arrows at both Sentries and goons when either **faction** seemed to be getting an advantage on the Avengers.

One of the robots pulled Cap's **shield** away from him. The hero quickly **jumped on** the Sentry and grabbed his shield, **planting** his feet on the robot's shoulders to rip the shield away from it.

Behind him, Thor approached, **swinging** his hammer! The blow sent the robot's head flying across the room.

Now that Thor had **eliminated** this robot, Cap was free to **hurl** his shield at some of Klaue's goons, who were up on the ship's second level, trying to get a firing position on the battlefield from higher ground.

Cap's shield **plowed through** the line of mercenaries,

으로 거칠게 던졌다. 그 충격으로 그는 바닥에서 신음했다.

망치는 날아서 토르의 손으로 되돌아갔다.

이 모든 것 위에서 호크아이는 전체적인 전투 상황을 볼 수 있었고, 울트론의 보초병들과 클로의 부대 중 누구라도 어벤져스보다 유리한 상황이 될 때마다 그들에게 화살을 쏘았다.

로봇 하나가 캡의 방패를 잡아당겨 빼앗았다. 캡은 그 울트론 보초병 위로 잽싸게 뛰어올라 자신의 방패를 잡았고, 로봇의 어깨에 발을 디딘 채 방패를 거칠게 빼앗았다.

그의 뒤에서 토르가 다가와 망치를 휘둘렀다! 망치의 타격으로 로봇의 머리가 방을 가로질러 날아갔다.

이제 토르가 로봇을 제거했으니 캡은, 배의 2층으로 올라와 더 높은 곳에서 전장을 향해 사격 위치를 확보하려는 클로의 용병들에게 방패를 던질 수 있었다.

캡의 방패는 일렬로 서 있는 클로의 용병들을 뚫고 나아가 그들

knocking them down before **ricocheting** and returning to him. As Thor flew for the back of the bay, where a few remaining mercenaries were firing, Cap ran in the **opposite** direction, headed for Pietro.

The twin had fallen behind some cargo boxes, and that had protected him from the fire. He was injured and groaning but was otherwise **unharmed**. Cap shook his head. Enemy or not, he was glad to find out the young man was going to be OK. It was a shame to see someone with so much **potential** being **drawn into** Ultron's evil **schemes**.

Recovering enough to see Cap above him, Pietro started to rise. "Stay down, kid!" Cap ordered.

Outside, the Avenger's Quinjet was **parked** close to Klaue's **beached** boat. Dr. Banner **paced back and forth** on its ramp, **casting glances** in the **direction** of the fight, worried about his team.

He had heard the early parts of the conflict over the

을 쓰러뜨리고는 튕겨서 그에게로 되돌아왔다. 몇 명 남은 클로의 용병들이 총을 쏘아대는 구역 뒤쪽으로 토르가 날아가자, 캡은 반대 방향인 피에트로를 향해 달려갔다.

쌍둥이 중 하나가 화물 상자들 뒤에 쓰러져 있었고, 상자가 총격으로부터 그를 보호해주었다. 그는 다쳐 신음하고 있었지만, 그외에는 무사했다. 캡은 고개를 저었다. 적이든 아니든, 캡은 그 젊은 남자가 괜찮을 거란 사실이 기뻤다. 이렇게 많은 잠재력을 가진 사람이 울트론의 사악한 계략에 빠진 것을 보는 것은 애석한 일이었다.

자신의 위에 있는 캡을 볼 수 있을 정도로 회복한 피에트로가 몸을 일으키려 했다. "그대로 거기 있어!" 캡이 명령했다.

밖에서는 어벤져스의 퀸젯이 클로의 좌초된 배 근처에 세워져 있었다. 배너 박사는 경사로를 왔다 갔다 하며 싸움이 일어나는 방향을 쳐다보곤 팀을 걱정했다.

그는 콤스를 통해 갈등의 초반부를 들었고, 이제는 배 안의 총성

comms, and now he could hear the **gunfire** from inside the ship. Bullets hitting the ship's hull rang like a bell and the sounds **reverberated** across the beach.

"Guys … remember that I'm here," he said. "Do you need the 'other guy'? Let me know if you do!"

Thor left the ship's main hold and **entered** the **inner** corridors, looking for any remaining robots or mercenaries. That was when Wanda suddenly came upon him, whispering into his ear.

Still in the cargo area, Cap called to the Asgardian over the comms. "Thor? What's your **status**?"

"The girl tried to **warp** my mind," Thor reported. "Take special care. I doubt a human could **keep** her **at bay**."

Cap listened closely to Thor's words. Was he **slurring**?

"**Fortunately**, I am mighty, and her magic cannot … cannot …"

Thor's **communications trailed off**. He was caught up in Wanda's **spell**. Realizing this, Cap ran for Thor's

을 들을 수 있었다. 선체에 부딪히는 총알들이 종소리처럼 울렸고 그 소리는 해변을 가로지르며 울려 퍼졌다.

"친구들… 내가 여기에 있다는 걸 기억해." 그가 말했다. "'다른 녀석'이 필요해? 만약 그렇다면 알려줘!"

토르는 배의 중심부에서 나와 내부 복도로 들어가서 남아있는 로봇이나 클로의 용병들을 찾아다녔다. 그때 완다가 갑자기 그에게 다가와 귀에 속삭였다.

아직 화물칸에 있던 캡이 콤스를 통해 아스가르드인을 불렀다. "토르? 네 상황은 어때?"

"그 여자애가 내 정신을 뒤틀리게 하려고 했어." 토르가 보고했다. "특별히 조심해. 인간은 막아낼 수 있을지 모르겠어."

캡은 토르의 말에 귀를 기울였다. 발음이 왜 분명하지 않지?

"다행히 난 전지전능하지. 그래서 그 여자애의 마법은… 할 수 없어… 할 수 없어…."

토르의 통신이 차츰 잦아들었다. 토르가 완다의 마법에 걸려든 것이다. 그것을 알아챈 캡은 토르가 있는 곳으로 달려갔지만, 피에

position, but Pietro rose behind him and knocked into him at **super-speed**!

Cap fell **forward**, landing at Wanda's feet. She **bent down** and whispered in his ear, sending him into a daze. But then blasts of repulsor fire hit all around her and her brother.

Iron Man was fighting Ultron directly above the twins, and while he was **locked in** combat, he **managed to** get a couple of shots off to protect Cap.

Pietro sped up and grabbed Wanda, **whisking** her out of Iron Man's **range**.

Still struggling with Ultron, Iron Man saw that the two were headed toward Widow's position on the far side of the ship. "Natasha, they're headed your way," called Iron Man on the comms.

But before Widow could even respond, the twins were on her. Wanda whispered into her ear, and Widow fell into a **trance**.

Pietro then zipped his sister toward Hawkeye's

트로가 그의 뒤에서 일어나 초고속으로 캡을 가격했다.

캡이 앞으로 쓰러져 완다의 발 앞에 떨어졌다. 그녀는 몸을 숙여 그의 귀에 대고 속삭였고, 캡을 멍하게 만들었다. 하지만 그 후 그녀와 그녀의 오빠 주변으로 리펄서 빔이 빗발쳤다.

쌍둥이 바로 위에서 아이언맨이 울트론과 싸우고 있었는데, 전투에 몰두하는 와중에도 캡을 보호하기 위해 그가 간신히 두어 발을 발사한 것이었다.

피에트로가 속력를 높여 완다를 붙잡고는 아이언맨의 사정거리에서 벗어나게 했다.

여전히 울트론과 싸우던 아이언맨은 멀리 떨어져있는 위도우 쪽으로 두 사람이 향하는 것을 보았다. "나타샤, 녀석들이 네가 있는 쪽으로 가고 있어." 아이언맨이 콤스에 대고 외쳤다.

하지만 위도우가 대답을 하기도 전에, 쌍둥이는 그녀에게 가 있었다. 완다가 그녀의 귀에 속삭였고, 위도우는 최면에 빠졌다.

그다음 피에트로는 여동생을 데리고 호크아이의 위치로 빠르게

position, but the hero saw them coming. He reached into his **automatic quiver** and dialed the code for a **specific** kind of arrow.

"I've done the mind-control thing. Not a big fan of it!" Hawkeye said as Wanda **approached**.

And with that he used his hand to slam the **electrified arrowhead** right into the twin. Pietro ran up, **shoving** Hawkeye aside, and grabbed his sister. He **raced** with her to outside of the ship!

"Yeah, you'd better run!" Hawkeye called after the twins.

Above it **all**, Iron Man and Ultron were still **ripping into** each other. It was a **noisy, brutal** fight. Each one hammered at the other one, with neither **getting the upper hand**. It was as if they were **somehow evenly** matched. **Stalemate**.

Realizing he needed some kind of **advantage**, Ultron pulled out one of the devices Strucker had been working

갔지만, 그 영웅은 그들이 다가오는 것을 보았다. 그가 자동식 화살통 안에 손을 넣어 특별한 화살에 암호를 걸었다.

"전에 세뇌 같은 걸 당해봤어. 좋지 않더라고!" 완다가 다가오자 호크아이가 말했다.

그러고는 손으로 전기가 통하는 화살촉을 쌍둥이 여자에게 바로 꽂았다. 피에트로가 달려와 호크아이를 옆으로 밀치고, 여동생을 붙잡았다. 그는 그녀를 데리고 배 밖으로 쏜살같이 빠져나갔다!

"그래. 빨리 도망가는 게 좋을 거다!" 호크아이가 쌍둥이를 향해 외쳤다.

이 모든 것 위에서, 아이언맨과 울트론은 여전히 서로를 맹공격하고 있었다. 소란스럽고 잔혹한 싸움이었다. 서로를 내리치는데 둘 중 그 누구도 우위를 점하지 못했다. 그들은 어찌 된 일이지 막상막하의 실력이었다. 교착 상태였다.

이길 수 있는 무언가가 필요하다는 것을 깨달은 울트론은 스트러커가 연구실에서 작업하던 장비 중 하나를 꺼냈는데 중력 장비

on in his **lab**, a **gravity device**. In theory it could **generate** a small burst and pull things toward it … but Strucker had never gotten it to work.

Ultron, **on the other hand**, had perfected it. The device was the **centerpiece** of his plan for the world. But at the moment he tried to use it on Stark.

The gravity device **unfolded** from one of Ultron's **wrists** and **charged up**. Then it suddenly pulled **equipment** away from the nearby wall, and it crashed into Iron Man!

Confused, Iron Man took the hits but grabbed a **chunk** of the **gear** and hurled it at Ultron.

"Nice trick!" Iron Man said, still **unsure** how Ultron was able to do what he did.

"Well, you know how I **desperately crave** your **approval**," Ultron replied **sarcastically**.

"That's not looking to go your way," Iron Man returned.

The two **crashed into** each other again.

였다. 이론적으로 그 장비는 작은 폭발을 일으키고 무언가를 끌어당길 수 있었지만… 스트러커는 그것을 작동시킨 적이 한 번도 없었다.

반면, 울트론은 그 장비를 완성했다. 그 장비는 세계에 대한 그의 계획 중 가장 중요한 작품이었다. 하지만 그 순간 그는 그것을 스타크에게 사용하려고 했다.

중력 장비가 울트론의 손목 하나에서 펼쳐지며 충전되었다. 그러자 갑자기 가까운 벽으로 장비가 움직이며 아이언맨에게 부딪혔다!

혼란스러운 아이언맨은 타격을 입었지만, 장비의 큰 조각을 집어 울트론에게 던졌다.

"괜찮은 속임수네." 아이언맨은 자신이 연구한 것을 어떻게 울트론이 할 수 있었는지 여전히 확신하지 못하며 말했다.

"글쎄, 내가 너에게 인정받는 걸 얼마나 간절히 바라는지 알잖아." 울트론이 빈정대며 대답했다.

"그건 네 뜻대로 되진 않을 거야." 아이언맨이 대답했다.

둘은 다시 서로를 들이받았다.

From the beach, Wanda and Pietro could see Iron Man and Ultron explode from the **roof** of the ship, each still struggling against the other.

Pietro had carefully placed his sister under the cover of a **wrecked ship**, where she could **come back** from the shock.

"Are you all right?" Pietro asked, worried. "What can I do?"

"It **hurts**," Wanda **moaned**.

"I'll be right back," said Pietro, turning to go.

"No, I'm all right," said Wanda, stopping him. Then she cast her eyes around. From where she was **lying** she could see Dr. Banner pacing on the ramp of the Quinjet. "I want the big one," she said.

Pietro nodded.

Inside the ship, Thor was still in a trance. He **stumbled** around, **bumping into** things, while little bolts of lightning shot **haphazardly** from his hammer.

해변에서 완다와 피에트로는 아이언맨과 울트론이 배의 지붕 위에서 충돌하며 여전히 서로 맞서 싸우는 것을 보았다.

피에트로는 여동생을 조심스레 난파선의 덮개 아래에 내려놓았고, 그곳에서 그녀는 충격으로부터 빠져나올 수 있었다.

"괜찮아?" 피에트로가 걱정하며 물었다. "내가 어떻게 해줄까?"

"아파." 완다가 신음했다.
"금방 올게." 피에트로가 가려고 돌아서며 말했다.
"아니야, 난 괜찮아." 완다가 그를 막으며 말했다. 그리고 그녀는 주변을 재빨리 훑어봤다. 누워있는 곳에서 그녀는 배너 박사가 퀸젯의 경사로에서 서성거리는 것을 볼 수 있었다. "난 그 덩치를 원해." 그녀가 말했다.
피에트로가 고개를 끄덕였다.

배 안에서 토르는 여전히 최면에 빠져있었다. 망치에서 작은 번개가 아무렇게나 뿜어져 나오는 동안, 그는 비틀거리며 걸었고 물건에 부딪혔다.

Nearby, Cap **broke into a run** and **intentionally** smashed into a wall. He **knocked** himself **down**, but he was able to shake himself out of the spell-induced daze. **Lucid** again, he shook his head to clear it further. "There had to be an easier **way** to do that," he said to himself.

When he looked up, he saw Thor up on a balcony, moving toward the **edge** like a **sleepwalker**. "Thor, don't—" Cap started to warn, but it was too late…. As he watched, Thor **tripped** over the balcony **railing** and fell, landing face-first on the ship's floor two stories **below**.

At that moment, Iron Man and Ultron **crashed** back down, landing in a pile of **junky spare** parts. They **continued** grappling.

Ignoring this fight for now, Cap raised his shield and ran over to Thor. Cap ran straight into the Asgardian, hoping to knock him out of his trance. But **lightning** leaped out of the hammer, striking them both!

Just then, Ultron kicked Iron Man off him. "I can end this with three words," Ultron said.

근처에서 캡이 갑자기 달려와 의도적으로 벽을 박살 냈다. 그는 쓰러지긴 했지만, 주문에 걸린 멍한 상태에서 벗어날 수 있었다. 의식이 뚜렷해지자 그는 정신을 더 뚜렷하게 하려 머리를 흔들었다. "더 쉬운 방법이 있었을 텐데." 그가 혼잣말을 했다.

그가 위를 올려다보자, 토르가 발코니 위에 서서 몽유병자처럼 가장자리 쪽으로 걸어가고 있었다. "토르, 안 돼." 캡이 경고하려 했지만, 너무 늦었다…. 토르는 발코니 난간에 발이 걸려 넘어져 두 층 아래의 선박 바닥에 정면으로 떨어졌다.

그 순간, 아이언맨과 울트론이 다시 아래로 추락해 고물 같은 여분의 부품 더미로 떨어졌다. 그들은 계속해서 싸웠다.

일단 이 싸움은 무시하고, 캡은 방패를 들고 토르에게 달려갔다. 캡은 최면에서 그를 깨울 수 있길 바라며 아스가르드인에게 곧장 달려갔다. 하지만 토르의 망치에서 갑자기 번개가 나오며 그 둘 모두를 내리쳤다!

바로 그 순간, 울트론이 아이언맨을 걷어찼다. "나는 이 싸움을 세 단어로 끝낼 수 있어." 울트론이 말했다.

❷"Is it 'uncle,' but you say it three times?" Iron Man asked.

"No … it's: the big guy…" said Ultron.

It took a second for Iron Man to understand what he meant, but as soon as he did, he blasted his way out of the ship.

Within seconds, Iron Man was standing on the ramp of the Quinjet, **calling for** Bruce … but his friend was gone. Tony **realized** what this meant. Wanda must have whispered in the **scientist**'s ear, using her enhanced powers in a way that would turn him into the Hulk. If the twins had pointed the Hulk in the direction of a **populated** town, it could mean **devastation**. They had to find Hulk and change him back as soon as possible.

"Natasha," Iron Man called over the comms. "Do you know where Hulk went?"

But it was Hawkeye who **responded**. He had found Widow, still in a trance, wandering the ship. "She's not going to **be able to** answer you … not for a while."

"'항복'이라는 말? 그걸 세 번 하려는 거야?" 아이언맨이 물었다.

"아니…. 덩치 큰 녀석…." 울트론이 말했다.

아이언맨은 그가 무슨 말을 하는지 이해하는데 시간이 좀 걸렸지만, 이해하자마자 배 밖으로 나가는 길을 폭발시켜 뚫었다.

얼마 지나지 않아 아이언맨은 퀸젯 경사로에 서서 브루스를 불렀다…. 하지만 그의 친구는 없었다. 토니는 이 상황이 무엇을 의미하는지 깨달았다. 완다가 과학자의 귀에 속삭여 초능력으로 그를 헐크로 만든 것이 분명했다. 만약 쌍둥이가 사람들이 밀집한 마을 쪽으로 헐크를 향하게 했다면, 그건 엄청난 파괴를 의미했다. 그들은 헐크를 찾아야 했고 가능한 한 빨리 그를 원래대로 돌려놓아야 했다.

"나타샤." 아이언맨이 콤스를 통해 불렀다. "헐크가 어디로 갔는지 알아?"

하지만 대답을 한 사람은 호크아이였다. 호크아이는 여전히 최면에 빠져 배에서 이리저리 헤매고 있는 위도우를 찾아냈다. "위도우는 대답할 수 없을 거야… 당분간은."

Iron Man groaned. It was up to him to stop Hulk himself.

This was not going to be fun.

아이언맨은 탄식했다. 헐크를 멈추는 것은 그에게 달렸다.

재미있는 상황은 아닐 것이다.

EPILOGUE

📖 워크북 p55

UNDER WANDA'S SPELL, the Hulk had **raged** through a nearby **community**. **By the time** Iron Man **reined** him in, the green goliath had caused **enormous** amounts of devastation. It had **taken** some pretty **extraordinary measures** to stop him.

The **victory** had not been a great one. Ultron had

완다는 초능력으로 주문을 걸어 브루스 배너를 헐크로 변신시킵니다. 헐크는 인근 마을에서 격렬히 날뛰며 무고한 사람들을 괴롭힙니다. 점점 더 복잡해진 상황 속에서 어벤져스는 울트론과 초능력자들을 끝까지 추적합니다.

완다의 주문에 걸린 헐크는 인근 마을에서 격렬히 날뛰었다. 아이언맨이 그를 통제할 때까지 그 초록색 골리앗은 엄청난 파괴를 일으켰다. 그를 멈추기 위해 매우 특별한 방법이 취해졌다.

승리는 대단한 것이 아니었다. 울트론은 탈출했고, 쌍둥이도 마

escaped, and so had the twins. Wanda had used her spells to turn the Hulk on **innocent** people, and this knowledge would **torment** Bruce for some time.

Moreover, the Avengers had seen **firsthand** just how **devastating** Wanda's power could be. She had **sidelined** Thor, Cap, and Widow all in the same fight. She was a serious **threat** and not to be **trifled with**.

But while the day had not been a **complete triumph**, it had not been a great **loss** either. The Avengers had survived. Cap, Thor, and Widow, once out of their trances, were **perfectly** normal and **healthy**. Bruce, despite being shaken by the experience of being **manipulated** into becoming "the big guy," had come out without injury. Beyond that, Hawkeye had **proven with** his arrow that Wanda could be stopped with energy **discharge**. More than anything else, the Avengers had **tracked down** Ultron, caught him **by surprise**, and discovered that he **was after** rare metals.

It wasn't much, but Iron Man **was willing to** take it. By

찬가지였다. 완다는 헐크가 무고한 사람들을 공격하도록 주문을 외웠고, 이 사실은 한동안 브루스를 고통스럽게 할 것이다.

게다가 어벤져스는 완다의 초능력이 얼마나 파괴적일 수 있는지 직접 목격했다. 그녀는 단번에 토르와 캡, 위도우를 싸움에서 제외시켰다. 그녀는 심각한 위협이었고 대수롭지 않게 볼 대상이 아니었다.

이 싸움이 완전한 승리는 아니었지만, 그렇다고 완벽한 패배도 아니었다. 어벤져스는 살아남았다. 최면에서 벗어난 캡과 토르, 위도우는 완벽히 정상이었고 건강했다. 브루스는 비록 강제로 '덩치'로 변하는 충격적인 경험을 했지만, 아무 부상 없이 돌아왔다. 게다가 호크아이는 완다를 에너지 방출로 막을 수 있다는 것을 화살로 증명했다. 무엇보다도 어벤져스는 울트론을 추적해 기습적으로 그를 잡았고, 그가 희귀한 금속을 찾고 있다는 것을 알게 되었다.

충분하지는 않았지만, 아이언맨은 이 상황을 기꺼이 받아들이기

analyzing the **elements** Ultron needed, Stark might be able to **figure out** the killer robot's plan. **After all**, Ultron and he did seem to think a lot alike....

Cap had been a **commander** in World War II, and he used to **quote** a **philosopher** who'd said, ❶ "What doesn't kill us makes us stronger." To Cap, that saying seemed to fit here. Ultron had brought all of his forces—his robot drones and his Enhanced humans—but he still couldn't break the Avengers. And now the Avengers were stronger. They now had experience fighting Ultron, and a better understanding of his **weaknesses**.

As the Avengers reassembled at the Tower, they knew that they would not give up the fight until Ultron's plot was stopped **completely**.

Some had called the Avengers "Earth's **Mightiest** Heroes." Some days that name felt like an **honor**; other days it was a challenge. But it was a challenge these **fearless protectors** were **determined** to **accept**.

로 했다. 스타크는 울트론이 찾던 요소들을 분석해 그 살인 로봇의 계획을 알아낼 수 있을 것이다. 어쨌든, 울트론과 그는 비슷한 생각을 아주 많이 하는 것 같았다….

캡은 제2차 세계 대전의 지휘관이었고, 그는 한 철학자의 말을 인용하곤 했다. "우리를 죽일 수 없는 것은 우리를 더 강하게 만든다." 캡에게 그 구절은 이 상황에 딱 맞는 것처럼 보였다. 울트론은 그의 모든 병력인 무인 로봇과 초능력자들을 데려왔지만, 여전히 어벤져스를 무너뜨릴 수 없었다. 그리고 지금 어벤져스는 더 강해졌다. 어벤져스는 울트론과 싸워봤을 뿐만 아니라 그의 약점에 대해서도 더 잘 알게 됐다.

어벤져스가 타워에 다시 모였을 때, 그들은 울트론의 음모가 완전히 끝날 때까지 싸움을 포기하지 않을 것이라는 걸 알았다.

어떤 이들은 어벤져스를 '지구에서 가장 강한 영웅들'이라고 불렀다. 때론 그 이름이 영광처럼 느껴졌다. 때론 도전이 되기도 했다. 하지만 그것은 이 두려움 없는 수호자들이 받아들이기로 한 도전이었다.

30장면으로 끝내는
스크린 영어회화 - 인크레더블 1, 2

구성
· 전체 대본
· 훈련용 워크북
· mp3 CD

라이언 강 해설 | 각 344면, 368면 | 18,000원

국내 유일! 〈인크레더블〉 시리즈 전체 대본 수록!

매력 만점 슈퍼히어로 가족이 나타났다!
〈인크레더블〉의 30장면만 익히면 영어 왕초보도 영화 주인공처럼 말할 수 있다!

난이도	첫걸음	초 급	중 급	고 급

기간	30일

대상	영화 대본으로 재미있게 영어를 배우고 싶은 독자

목표	30일 안에 영화 주인공처럼 말하기

30장면으로 끝내는
스크린 영어회화 – 주토피아

구성
- 전체 대본
- 훈련용 워크북
- mp3 CD

강윤혜 해설 | 352면 | 18,000원

국내 유일! 〈주토피아〉 전체 대본 수록!

〈겨울왕국〉, 〈빅 히어로〉 사단의 2016년 야심작!
〈주토피아〉의 30장면만 익히면 영어 왕초보도 영화 주인공처럼 말할 수 있다!

난이도	첫걸음	초급	중급	고급

기간	30일

대상 영화 대본으로 재미있게
영어를 배우고 싶은 독자

목표 30일 안에
영화 주인공처럼 말하기

영어 고수들은
영화를 '원서로' 읽는다!

영한대역으로 읽는다!

사전과 해석을 뒤적거리는 답답한 독해는 그만!
영한대역으로 사이다 같은 독해를 즐긴다!

〈어벤져스〉로 읽는다!

매번 실패하는 '원서 읽기',
재미있는 스토리로 읽어야 성공한다!
영화만큼 흥미진진한 〈어벤져스〉 원서로
책장 넘어가는 짜릿함을 느낀다!

값 14,000원

© 2019 MARVEL

03740

9 791160 508826

ISBN 979-11-6050-882-6

*영화를 각색한 소설로, 영화 내용과 전개가 다를 수 있습니다.

MARVEL

어벤져스
에이지 오브 울트론

워크북
Workbook

스크린 영어 리딩 – 어벤져스 에이지 오브 울트론

길벗
이지:톡

— 스크린 영어 리딩 —

MARVEL
어벤져스
에이지 오브 울트론

번역·해설 **박민지**

길벗
이지:톡

📖 원서가 술술 읽히는 단어장

p14

☐ **undeniable** 부인할 수 없는, 명백한

☐ **universe** 우주

p16

☐ **nightmare** 악몽

☐ **descend** 내려오다

☐ **monstrous** 괴물 같은, 거대한

☐ **zip through the air** (총탄 등이) 윙 하며 날다

☐ **chariot** 마차, 전차

☐ **blast** 폭발시키다, 폭파하다

☐ **devastating** 대단히 파괴적인

☐ **seemingly** 겉보기에는

☐ **wreak** (큰 피해 등을) 입히다

☐ **destruction** 파괴, 말살

☐ **witness** (사건사고를) 목격하다

☐ **mighty** 강력한, 힘센

☐ **unite** 연합하다, 결속시키다

☐ **threat** 협박, 위험

☐ **foe** 적, 적군, 원수

☐ **withstand** 견뎌내다, 이겨내다

☐ **serve** 복무하다, 일하다

☐ **freedom** 자유

☐ **threaten** 위협하다, 위태롭게 하다

☐ **risk one's life** 목숨을 걸다

☐ **tyranny** 압제, 독재

☐ **despised** 경멸받는

☐ **defend** 방어하다

2

- dimension 차원
- battle 싸우다, 투쟁하다

p18

- loyal 충성스러운
- enslave 노예로 만들다, 사로잡다
- mysterious 비밀스러운
- loyalty 충성심
- doubt 의심하다, 의문을 품다
- playboy 바람둥이
- privilege 특권
- weapon 무기
- nuclear 핵의, 원자력의
- doorway 출입구
- untold 말로 다 할 수 없는, 실로 막대한
- armor 갑옷
- bunker (군인들의) 벙커
- humanity 인류, 인간
- risk ~의 위험을 무릅쓰다, 과감히 ~을 하다
- barely 간신히, 가까스로
- emerge 모습을 드러내다, (어려움 등을) 헤쳐 나오다
- defy 저항하다, 반항하다, 거부하다, 무시하다
- organization 조직, 단체, 기구
- strike 공습, 치다, 공격하다
- presume 추정하다, 간주하다
- reemerge 다시 나타나다
- combat 싸움, 싸우다
- destroy 파괴하다, 말살하다

p20

- assassination 암살
- race 종족, 인종, 경주, 달리기

3

- ☐ spaceship 우주선
- ☐ skyscraper 고층 건물
- ☐ wipe out ~을 완전히 파괴하다, 없애 버리다
- ☐ substance 물질, 실체, 본질
- ☐ banish 추방하다, 사라지게 만들다
- ☐ assault 공격, 폭행, 습격, 급습하다, 폭행하다
- ☐ root 기원, 뿌리
- ☐ infiltrate 잠입하다
- ☐ international 국제적인
- ☐ security 보안, 안보, 방위
- ☐ foundation 설립, 토대
- ☐ federation 연합, 연맹, 연방 국가
- ☐ potential 잠재적인
- ☐ adversary 적수, 상대방

p22

- ☐ shred 갈기갈기 찢다, 자르다
- ☐ humankind 인류, 인간
- ☐ operation (군사) 작전
- ☐ reduce 줄이다, 축소하다
- ☐ strike force 기동 타격대
- ☐ transform 완전히 바꿔 놓다, 변형시키다
- ☐ defense 방어, 수비
- ☐ potentially 잠재적으로, 가능성 있게
- ☐ technology (과학) 기술, 공학, 기계, 장비
- ☐ expense 비용, 돈, 지출
- ☐ symbol 상징, 표상, 기호
- ☐ separately 따로따로, 개별적으로

p22

- ☐ acquire 획득하다
- ☐ extremely 극도로, 극히

4

- □ **somewhere** 어딘가에서
- □ **band together** (무엇을 달성하기 위해) 함께 뭉치다
- □ **location** 장소
- □ **systematically** 조직적으로, 질서 정연하게
- □ **dismantle** 해체하다, 분해하다

📖 **원서가 술술 읽히는 단어장**

p26

- ☐ **snowdrift** 바람에 날려 쌓인 눈 더미
- ☐ **majestic** 장엄한, 위풍당당한
- ☐ **pine** 소나무
- ☐ **idyllic** 목가적인
- ☐ **valley** 골짜기
- ☐ **landscape** 풍경, 경치
- ☐ **slope** 비탈, 경사면
- ☐ **ancient** 고대의, 아주 오래된
- ☐ **fortress** 요새
- ☐ **mounted** ~에 고정시킨, 설치된

p28

- ☐ **detect** 감지하다, 발견하다
- ☐ **slight** 조금의, 약간의
- ☐ **activate** 작동시키다, 활성화시키다
- ☐ **simultaneously** 동시에, 일제히
- ☐ **release** 놓아 주다, 방출하다
- ☐ **troop** (대규모의) 병력, 군대, 부대
- ☐ **blow** 불다, (비밀을) 들통나게 하다
- ☐ **assemble** 모이다, 집합시키다
- ☐ **scream** 굉음을 내다, 비명을 지르다
- ☐ **enemy** 적, 적군, 원수
- ☐ **pour out** 쏟아져 나오다
- ☐ **swoop** 급강하하다, 급습하다
- ☐ **bowl somebody over** ~에게 달려들어 쓰러뜨리다

- ☐ **lethal** 치명적인
- ☐ **range of** ~의 사정거리
- ☐ **rip** 뜯어내다, 찢다
- ☐ **aside** 한쪽으로, 옆으로
- ☐ **shower** 샤워, 소나기, 소나기처럼 쏟아져 내리다
- ☐ **station** (군인을) 배치하다, 주둔시키다
- ☐ **platform** 연단, 단, (기차역의) 플랫폼
- ☐ **round up** ~을 (찾아) 모으다
- ☐ **aftermath** 여파, 후유증
- ☐ **unleash** (강력한 반응을) 불러일으키다
- ☐ **sneer** 비웃다, 조롱하다
- ☐ **blaster** 우주총
- ☐ **explode** 폭발하다
- ☐ **knock somebody out** ~을 나가떨어지게 하다

- ☐ **battlefield** 전장, 싸움터
- ☐ **slam into** ~에 쾅 하고 충돌하다
- ☐ **smithereens** 산산조각, 작은 파편
- ☐ **headway** 전진, 진보
- ☐ **confident** 자신감 있는, 확신하는
- ☐ **vastly** 대단히, 엄청나게
- ☐ **superior** (~보다 더) 우세한, 우수한
- ☐ **handful** 몇 안 되는 수, 한 줌
- ☐ **show up** 나타나다
- ☐ **pound** 쿵쾅거리며 걷다
- ☐ **slip** 미끄러지다
- ☐ **accidentally** 우연히, 뜻하지 않게
- ☐ **obliterate** (흔적을) 없애다
- ☐ **on purpose** 고의로, 일부러

- ☐ certainty 확실성
- ☐ tear 찢다, 쥐어뜯다, 파괴하다
- ☐ invisible 보이지 않는, 모습을 나타내지 않는
- ☐ barrier 벽, 장벽, (어떤 일에 대한) 장애물
- ☐ crash into ～와 충돌하다

p34

- ☐ scold 꾸짖다, 야단치다
- ☐ profanity 비속어, 욕설
- ☐ artificial intelligence 인공지능
- ☐ tactical 전술적인
- ☐ instantly 즉각, 즉시
- ☐ analyze 분석하다, 검토하다
- ☐ focus on ～에 주력하다, 초점을 맞추다
- ☐ appear 나타나다
- ☐ protect 보호하다
- ☐ shield 보호막, 방패
- ☐ with ease 쉽게, 손쉽게
- ☐ possibly 아마, (부정문에서) 도저히
- ☐ at long last 마침내
- ☐ fill with ～로 가득 차다

p36

- ☐ agree 동의하다
- ☐ finish 끝내다, 마무리 짓다
- ☐ reinforcement (군대, 경찰 등의) 증강 병력
- ☐ exterior (특히 건물의) 외부, 외부의, 밖의
- ☐ staircase 계단
- ☐ deal with (주제로) ～을 다루다, (문제, 과제 등을) 처리하다
- ☐ warn 경고하다
- ☐ leap 뛰어오르다
- ☐ grab 붙잡다, 움켜잡다

8

- □ branch 나뭇가지
- □ head-on 정면으로 부딪친, 정면으로 대응하는
- □ slip out (비밀이 입에서) 무심코 튀어나오다
- □ meanwhile 한편
- □ command center 지휘본부
- □ demand 따지다, 요구하다

p38

- □ terrify 겁먹게 하다
- □ perimeter 주변, 둘레
- □ guard 보초, 경비
- □ spot 발견하다, 찾다
- □ panic 극심한 공포, 공포에 질리다
- □ horrify 소름 끼치게 만들다
- □ blurt out 무심결에 말하다
- □ frown 얼굴을 찌푸리다
- □ clearly 분명히, 명확히, 뚜렷하게
- □ deploy (군대, 무기를) 배치하다
- □ command 명령하다, 지시하다
- □ accomplish 성취하다, 해내다
- □ remind 상기시키다, 다시 한번 알려주다

p40

- □ artillery 대포, 포병대
- □ flank (건물, 산 등의) 측면, 옆구리, 측면에 서다
- □ notify 알리다, 통지하다
- □ echelon 사다리꼴 편성
- □ recognize 알아보다, 인식하다
- □ tactics (어떤 일을 달성하기 위한) 전략, 작전, 전술
- □ employ (기술, 방법 등을) 쓰다, 이용하다
- □ squeeze (좁은 곳에) 밀어 넣다, (액체를) 짜다
- □ wrestle 몸싸움을 벌이다, 맞붙어 싸우다

- ☐ **trooper** 포병, 기병
- ☐ **take aim** 정조준하다
- ☐ **barrel** (총의) 총열
- ☐ **roar** 으르렁거리다, 포효하다
- ☐ **absorb** 흡수하다
- ☐ **response** 대답, 반응

p42

- ☐ **land on** 내려앉다, 착륙하다
- ☐ **distraction** 집중을 방해하는 것
- ☐ **legacy** 흔적, 유물, 유산
- ☐ **attract** 마음을 끌다, 끌어모으다
- ☐ **civilian** 민간인
- ☐ **legion** 군단
- ☐ **hardship** 고난, 어려움
- ☐ **poverty** 가난
- ☐ **famine** 기근, 굶주림, 기아, 결핍
- ☐ **villager** (시골) 마을 사람
- ☐ **explosion** 폭발
- ☐ **frantic** 제정신이 아닌
- ☐ **shelter** 대피소, 피신처, 보호소
- ☐ **village** 마을
- ☐ **square** 광장, 정사각형, 제곱

p44

- ☐ **invader** 침략군
- ☐ **mob** 군중, 무리, 떼
- ☐ **drone** 무인 항공기, 윙윙거리는 소리
- ☐ **robotically** 로봇으로
- ☐ **assign** (일, 책임 등을) 맡기다
- ☐ **announce** 알리다, 발표하다
- ☐ **ensure** 보장하다, 확실하게 하다, 지키다, 확보하다

10

- ☐ engagement 교전, 약혼, 약속, 계약
- ☐ whisper 속삭이다
- ☐ elder 원로들, 나이가 더 많은
- ☐ conquer 정복하다
- ☐ oppress 탄압하다
- ☐ force (물리적인) 힘, 무력
- ☐ rally 단결하다, 집회
- ☐ control 통제하다, 조절하다
- ☐ graffiti (공공장소에 하는) 낙서
- ☐ throw 던지다
- ☐ chemical 화학 물질
- ☐ faceplate 안면 보호용 금속판
- ☐ disfigure 외관을 망가뜨리다, ~의 가치를 손상시키다
- ☐ abuse 욕설, 학대

p46

- ☐ remain 남아 있다
- ☐ yield 항복하다, 굴복하다, 양보하다
- ☐ freak 괴짜, 괴물, ~에 열중하는 사람
- ☐ surrender 항복, 굴복, 항복하다, 투항하다, 포기하다
- ☐ perk up 기운을 차리다
- ☐ courage 용기
- ☐ tumble out of ~에서 구르듯이 나오다
- ☐ as soon as ~하자마자
- ☐ delete 삭제하다
- ☐ interrupt (말, 행동을) 가로막다, 방해하다
- ☐ in alarm 놀라서
- ☐ sure enough 아니나 다를까
- ☐ observation 관찰, 감시, 주시
- ☐ empty 비어 있는, 공허한

11

- [ ] **equipment** 장치, 장비, 용품
- [ ] **generator** 발전기, 발생기
- [ ] **confirm** 확인하다
- [ ] **extend** 확장하다
- [ ] **underground** 지하의, 비밀의
- [ ] **opportunity** 기회
- [ ] **projectile** 발사 무기
- [ ] **burrow** 파고들다, 굴을 파다, 들추다
- [ ] **beneath** 아래에
- [ ] **arrow** 화살
- [ ] **observe** 주시하다, 관찰하다
- [ ] **disappear** 사라지다
- [ ] **confusion** 혼란, 혼동, 당혹
- [ ] **out of thin air** 난데없이
- [ ] **blink** 눈을 깜빡이다
- [ ] **hesitate** 망설이다, 주저하다

- [ ] **split-second** 아주 짧은 순간
- [ ] **zap** 제압하다
- [ ] **howl** 울부짖다
- [ ] **crumple** 쓰러지다, 무너지다, 구기다, 구겨지다
- [ ] **zip** 속도, 지퍼, 휙 하고 가다
- [ ] **blur** 흐릿한 형체
- [ ] **bullet train** 초고속 열차
- [ ] **impossible** 불가능한
- [ ] **pull out** 옆으로 빠져나가다
- [ ] **med kit** 구급상자
- [ ] **toward** ~쪽으로, ~을 향하여
- [ ] **intercept** 중간에 가로막다, 방해하다, 차단하다

- □ knock into ~에 부딪치다
- □ immediately 즉시
- □ position 위치
- □ enhanced (정도, 가치, 질 등을) 증대한, 높인, 강화한
- □ term 용어, 말

p52

- □ wounded 다친, 상처를 입은
- □ tease 놀리다, 장난하다, 괴롭히다
- □ lighten 가볍게 해주다, 밝게 하다
- □ injury 상처, 부상, 피해
- □ nearby 인근의, 가까운, 근처에
- □ motion 움직임, 동작, 몸짓
- □ in fact 사실은
- □ secure 획득하다, 얻어 내다, 안전하게 지키다
- □ prove 증명하다, 입증하다
- □ compound (저택, 공장의) 구내, 포로수용소
- □ surround 둘러싸다, 에워싸다
- □ rifle 소총

p54

- □ nonlethal 치명적이 아닌
- □ unconscious 의식을 잃은, 의식이 없는, 무의식적인
- □ drop 떨어뜨리다
- □ fearfully 무서워하며
- □ rush 돌진하다, 급히 움직이다
- □ confront 맞서다, ~에 직면하다
- □ assure 장담하다, 확언하다, 보장하다
- □ cooperate 협조하다, 협력하다, 합동하다
- □ look around 둘러보다
- □ contain 담고 있다, 포함하다, (감정 등을) 억누르다
- □ subject 실험 대상, 주제, 과목

□ **somehow** 어떻게든

□ **experiment** 실험, 실험 장치, 실험하다

□ **mention** 말하다, 언급하다, 언급, 진술

□ **illegal** 불법적인

□ **twin** 쌍둥이

이 문장도 짚고 가기!

❶ With the element of surprise clearly blown, Tony Stark, inside his Iron Man armor, called out a battle cry to the rest of his team … 기습이 들통났음에도 불구하고, 아이언맨 슈트 안에 있는 토니 스타크는 나머지 팀원들을 향해 함성을 질렀다….

▶ 어벤져스가 히드라의 마지막 요새를 찾아내 공격하는 장면입니다. Element of surprise는 '상대방이 모르게 하는 의도적인 전략적 행위'라는 의미인데요. 이 문장에서는 '기습 공격', '기습 작전'이라는 의미로 사용되었습니다.

❷ 'At long last' is lasting a little long, boys.

아직 '마침내'라고 하긴 일러.

▶ 토르가 드디어 로키의 창을 찾은 것 같다고 말하자 블랙 위도우가 단정짓지 말라고 말하는 장면입니다. 이 문장에서 last a little long은 '조금 더 걸리다'라는 표현인데요. At long last에서 사용된 last를 한 번 더 사용해 의미를 강조했습니다.

❸ Stark, heads up! You've got reinforcements running out of the exterior fortress staircases.

스타크, 조심해! 요새 외부 계단에서 지원군들이 나오고 있어.

▶ Heads up!을 직역하면 '머리를 들어!'인데요. 이 문장에서는 호크아이가 히드라 군인들을 조심하라고 토니에게 경고하는 상황이기에 '조심해'라고 해석해야 자연스럽겠네요. '조심해'라고 경고할 때 Watch out이나 Be careful 대신 사용할 수 있는 표현이니 알아두면 좋습니다.

14

❹ Concentrate fire on the weak ones. A hit may make them close ranks. 제일 약한 놈을 집중 사격해. 한 놈이 당하면 녀석들이 뭉칠 거다.

▶ 어벤져스가 공격해 오자 스트러커 남작이 부하에게 공격 명령을 내리는 장면입니다. close ranks는 '(서로를 보호하기 위해) 뭉치다' 또는 '(방어를 위해) 간격을 좁히다'라는 의미인데요. 어벤져스 중 가장 약한 멤버를 집중 공격해 나머지 멤버들이 모두 모이는 순간을 노리려는 스트러커 남작의 전략을 엿볼 수 있는 부분입니다.

❺ "The Avengers…" whispered one of the village elders, an edge of anger in his voice. "어벤져스잖아…" 나직이 속삭이는 마을 어르신의 목소리에서 분노가 묻어났다.

▶ 소코비아의 마을 광장에 아이언 로봇이 등장하자 그곳에 있던 마을 어르신이 하는 말입니다. an edge of의 사전적인 의미는 '~의 모서리'인데요. 이 문장에서 쓰인 an edge of anger는 '분노의 모서리'가 아닌 '분노가 묻어나다'라는 뜻입니다. 지구를 지키는 영웅들에게까지 화가 난 소코비아 사람들의 모습을 통해 그들이 전쟁으로 얼마나 힘든 시간을 보냈는지 알 수 있는 부분입니다.

❻ Strucker couldn't help but smile as he saw, out of the corner of his eye, a young woman in the shadows behind Cap. 스트러커는 캡의 그림자 뒤에 가려진 젊은 여자를 곁눈질로 슬쩍 보고는 미소를 짓지 않을 수 없었다.

▶ 쌍둥이 남매 중 완다가 처음으로 등장하는 장면입니다. 이 문장에 쓰인 saw out of the corner of his eye는 눈의 가장자리로 보는 것, 즉 '곁눈질로 슬쩍 보다'라는 의미입니다. 완다는 상대의 정신을 통제할 수 있는 능력을 가지고 있는데요. 궁지에 몰린 스트러커가 캡틴 아메리카를 대적할 완다를 보고는 미소를 짓지 않을 수 없겠죠?

📖 원서가 술술 읽히는 단어장

- [ ] **instruct** 지시하다, 알려주다
- [ ] **jeopardy** 위험
- [ ] **mumble** 중얼거리다

- [ ] **process** 처리하다
- [ ] **command** 명령, 지휘, 통솔
- [ ] **stride** 성큼성큼 걷다
- [ ] **hunch** (등을) 구부리다
- [ ] **cancel** 취소하다
- [ ] **purge** 제거, 정화, 제거하다
- [ ] **handheld** 손바닥 크기의, 손에 들고 쓰는
- [ ] **headquarters** 본부, 본사
- [ ] **transfer** 전송하다, 이동하다, 넘겨주다
- [ ] **sure enough** 아니나 다를까
- [ ] **seam** 경계선, 솔기, 겹친 자리, 상처 자국
- [ ] **reveal** 드러내다, 밝히다, 폭로하다
- [ ] **narrow** 좁은
- [ ] **passageway** 복도, 통로
- [ ] **sentry** 보초

- [ ] **reassemble** 재조립하다, 다시 모으다
- [ ] **passage** 통로
- [ ] **darkness** 어둠, 암흑
- [ ] **presence** 존재, 실재, 참석
- [ ] **strange** 낯선, 이상한

- ☐ familiar 익숙한
- ☐ haze (정신이) 몽롱한 상태
- ☐ swirl (빠르게) 빙빙 돌다, 소용돌이치다
- ☐ improve 개선하다, 향상시키다

p66

- ☐ female 여성, 여자
- ☐ trail off 차츰 잦아들다
- ☐ explain 설명하다
- ☐ happen 일어나다, 발생하다
- ☐ witch 마녀
- ☐ engage 약속하다, 계약하다, (적군과) 교전하다
- ☐ grenade 수류탄
- ☐ kick (발로) 차다
- ☐ chest 가슴
- ☐ explosive 폭발물, 폭발성의
- ☐ midair 공중
- ☐ toss 던지다
- ☐ harmlessly 해를 끼치지 않도록
- ☐ garrison 수비대, 주둔군
- ☐ ruin 잔해, 폐허, 유적
- ☐ calm 진정시키다
- ☐ lumber 느릿느릿 움직이다
- ☐ shrink 줄어들다, 움츠러들다
- ☐ approach 다가가다, 다가오다
- ☐ blanket 담요

p68

- ☐ sprawling 제멋대로 뻗어 나가는
- ☐ catacomb 지하 묘지, 지하 통로
- ☐ convert 개조하다, 전환하다, 바꾸다
- ☐ cutting-edge 최첨단

17

- ☐ available 이용할 수 있는
- ☐ biotech 생명공학
- ☐ ceiling 천장
- ☐ gather 모이다, 모으다
- ☐ T. rex 티라노사우르스
- ☐ fossil 화석
- ☐ mentally 마음속으로, 정신적으로
- ☐ talisman 부적
- ☐ cord 끈, 줄
- ☐ rack 선반, 받침대
- ☐ reply 대답하다
- ☐ wound 상처, 부상, 상처를 입히다

p70

- ☐ discovery 발견, 발견물
- ☐ startle 깜짝 놀라게 하다
- ☐ pour 마구 쏟아지다, 붓다
- ☐ in an instant 순식간에, 즉시
- ☐ remember 기억하다
- ☐ yank 홱 잡아당기다
- ☐ shadow 그림자
- ☐ specifically 특별히, 분명히
- ☐ participate 참여하다, 참가하다

p72

- ☐ painful 고통스러운
- ☐ remove 치우다, 제거하다
- ☐ restrain 제지하다, 참다
- ☐ malevolent 악의적인
- ☐ glee 기쁨, 환희
- ☐ soar 솟구치다, 날아오르다
- ☐ passenger seat 조수석

18

- [ ] gurney (환자 이송용) 바퀴 달린 들것
- [ ] stable 안정된, 안정적인
- [ ] advanced 선진의, 고급의, 진보적인

p74

- [ ] ill-fitting (크기, 모양이) 맞지 않는
- [ ] drape 걸치다, 씌우다
- [ ] in charge of ~을 담당해서, ~에게 맡겨져
- [ ] misery 고통, 비참
- [ ] casualty 사상자, 피해자
- [ ] treasure 보물, 대단히 소중히 여기다
- [ ] grunt 푸념하다, 불평하다
- [ ] account (있었던 일에 대한) 말, 이야기, 계좌
- [ ] shiver (몸을) 떨다

p76

- [ ] call out 부르다
- [ ] proudly 자랑스럽게
- [ ] afterlife 사후 세계
- [ ] exactly 정확히
- [ ] backpedal 후퇴하다, (의견 등을) 철회하다
- [ ] whimper 훌쩍거리다, 훌쩍이며 말하다
- [ ] complain 불평하다, 항의하다
- [ ] sprain (팔목, 발목을) 접질리다
- [ ] deltoid 어깨 삼각근
- [ ] gout (팔, 다리 관절에 생기는) 통풍
- [ ] awkwardness 어색함
- [ ] appropriate 적절한, 타당한
- [ ] vector (비행기의) 진로

p78

- [ ] gingerly 조심스럽게, 신중하게, 주의깊게

19

- □ cloth 천
- □ directly 직접적으로, 곧장, 즉시
- □ surface 표면
- □ collapse 붕괴하다, 무너지다
- □ raid 습격, 급습, 습격하다
- □ fully 충분히, 완전히
- □ interject 말참견을 하다
- □ enhancement 강화, 향상
- □ nod (고개를) 끄덕이다
- □ confirmation 확인
- □ going-away 이별의, 여행을 떠나는 사람을 위한
- □ be honored with ～의 영광을 가지다
- □ revel 왁자지껄한 축하, 한껏 즐기다

🗂️,, 이 문장도 짚고 가기!

❶ Some kind of a witch. Do not engage her!

일종의 마녀야. 그녀를 공격하지 마!

▶ 완다의 초능력에 당한 캡틴 아메리카가 어벤져스 멤버들에게 그녀를 건드리지 말라고 경고하는 장면입니다. engage는 여러 가지 의미를 가지고 있는데요. 이 문장에서는 '(적군과) 교전하다'라는 의미로 사용되었습니다.

❷ The talisman, tubes and cords trailing off of it, was mounted on a rack. 관과 끈이 매달려있는 신비로운 보물은 선반 위에 걸쳐져 있었다.

▶ talisman의 사전적 의미는 '부적'입니다. 하지만 이 문장에서는 '로키의 창'을 의미합니다. 닥터 스트레인지가 가진 타임 스톤(Time Stone)을 표현할 때도 종종 talisman이라고 합니다. '부적'보다는 '주술이 깃든 물건' 정도로 해석하는 것이 더 정확하겠네요.

❸ She knows her way around. 조 박사는 내 연구실을 훤히 다 알아.

▶ know one's way around는 '어떤 장소나 주제에 대해 잘 알다' 혹은 '익숙하다'는 의미입니다. 토니가 브루스에게 조 박사가 연구실을 사용할 수 있는지 묻고 있으니, '연구실에 대해 잘 알아.'라고 해석할 수 있겠네요.

📖 원서가 술술 읽히는 단어장

p80

- ☐ **gently** 부드럽게, 약하게, 다정하게
- ☐ **ramp** 램프, 경사로
- ☐ **unload** (짐을) 내리다
- ☐ **stretcher** (부상자를 싣는) 들것
- ☐ **transport** 수송하다, 이동시키다
- ☐ **hastily** 급히, 서둘러서
- ☐ **assemble** 모으다, 집합시키다

p82

- ☐ **hire** 고용하다
- ☐ **transition** (다른 상태, 조건으로의) 이행
- ☐ **matter-of-factly** 무미건조하게
- ☐ **in response** 이에 대응하여
- ☐ **brief** ~에게 보고하다, 간단히 알리다, 요약하다
- ☐ **orphan** 고아, (아이를) 고아로 만들다
- ☐ **shell** 포탄, 껍데기, 껍질
- ☐ **rough** 힘든, 거친
- ☐ **nowhere** 어디에도 (~없다)

p84

- ☐ **resource** 자원, 자산
- ☐ **liberated** 해방된, 자유로운
- ☐ **flip through** ~을 훑어보다, (책장을) 휙휙 넘기다
- ☐ **hold** 들고 있다, 잡다
- ☐ **justice** 정의, 정당성
- ☐ **metabolism** 신진대사
- ☐ **thermal** 열의, 온도의, 뜨거운

21

- homeostasis (생물) 항상성
- neuroelectric 뇌 전기신호의
- microcellular 미세 세포의
- manipulation 조작, 조종
- summarize 요약하다
- volunteer 자원봉사자, (어떤 일을 하겠다고) 자원하다

p86

- deadpan 진지한 얼굴을 하다, 무표정한 얼굴로 말하다
- reference 언급, 참고, 참조
- register 알아채다, (정식으로) 기록하다, 등록하다
- at war 전쟁 중인
- not long after 오래지 않아
- legionnaire 부대원
- disassemble 분해하다, 해체하다
- repair 수리, 수리하다
- maintenance 유지, 정비, 보수 관리
- mechanical 기계로 작동되는
- scrap 조각, 폐품
- pile 더미, 무더기, 쌓아 놓은 것
- hook up (인터넷 등에) 연결하다
- be eager to ~을 하고 싶어 하다
- structural 구조상의, 구조적인
- compositional 구성의
- analysis 분석
- partial 부분적인

p88

- research 연구, 조사
- meaningful 의미 있는, 중요한
- beyond (한계, 능력 등을) 넘어서는
- capacity 능력, 용량

22

- □ schematic 도식으로 나타낸
- □ flash 비추다, 번쩍이다, (TV, 컴퓨터 화면에) 휙 나타나다
- □ newly 새로, 최근에
- □ replacement 교체, 대체
- □ probe 살피다, 조사하다
- □ material 소재, 천, (물건의) 재료
- □ pretend ~인 척하다
- □ possibility 가능성
- □ deterioration 악화, 저하
- □ molecular 분자로 된, 분자의
- □ functionality 기능성, 기능
- □ instantaneous 즉각적인
- □ bind with ~로 묶다, 결속시키다

p90

- □ simulation 모의실험, 시뮬레이션
- □ concern 염려, 걱정
- □ replicate (바이러스, 분자가) 자기 복제를 하다
- □ difference 차이
- □ clunky 투박한
- □ dust 먼지, 가루
- □ rumpus 불평, 소동, 소란, 언쟁
- □ inventive 창의적인

p92

- □ belong to ~에 속하다
- □ greeting (말이나 행동으로 하는) 인사
- □ acknowledge (사실로) 인정하다, 감사하다, (~에게) 인사하다
- □ besides ~외에, ~을 제외하고, 게다가
- □ top-of-the-line 최신식의, 무리 중에서 최고
- □ industry 산업
- □ suspect 의심하다, 추측하다

23

- competition 경쟁자, 경쟁
- complicated 복잡한
- structure 구조
- mind 정신, 마음
- defense 방어, 방위, 수비

p94

- properly 적절히, 제대로
- be capable of ~할 수 있다, 능력이 있다
- entire 전체의, 완전한
- meaningfully 의미 있게
- fantasy 공상, 상상, 환상, 상상의 산물
- harness (동력원 등으로) 이용하다
- roll up 도착하다, 모습을 드러내다
- bouncer 기도(입구를 지키는 사람), 문지기, (극장 등의) 경비원
- threaten 협박하다, 위협하다
- apply 적용하다, 지원하다
- dense 빽빽한, 밀집한
- while ~하는 동안
- head out ~으로 향하다
- measured 침착한, 신중한

p96

- shrug (어깨를) 으쓱하다
- serious 심각한
- vulnerable 취약한, 연약한
- chunk 덩어리, 상당히 많은 양
- successful 성공적인
- asleep 자고 있는, 잠이 든

p98

- coupling 연결, 결합

24

- ☐ **initial** 초기의, 처음의
- ☐ **adjustment** 수정, 조정
- ☐ **celebrate** 축하하다, 기념하다
- ☐ **reach out to** ~에게 접근하다
- ☐ **constitute** ~이 되다, 구성하다, (어떤 단체를) 설립하다
- ☐ **duress** 협박, 압력
- ☐ **assistance** 도움, 지원

- ☐ **tendril** 덩굴, 덩굴손, 덩굴 모양의 것
- ☐ **snuff out** ~을 완전히 끝내다, 파괴하다
- ☐ **spring to life** 갑자기 활발해지다
- ☐ **component** 요소, 부품
- ☐ **patch something together** ~을 대충 짜 맞추다
- ☐ **bolt** 볼트로 접합하다
- ☐ **scar** (외관상) 상흔을 남기다, 흉터

이 문장도 짚고 가기!

❶ What's the word on Baron Strucker?

스트러커 남작은 어떻게 됐어?

▶ 스트러커에 대한 새로운 소식이 있는지 캡틴 아메리카가 마리아 힐에게 묻는 장면입니다. 흔히 '단어', '말'로 알고 있는 word가 이 문장에서는 '소식'이라는 의미로 쓰였습니다.

❷ For the whole 'man was not meant to meddle' medley.

그 모든 '인간은 간섭하면 안 돼' 하는 돌림노래 말이야.

▶ 울트론 계획을 말하면 어벤져스가 간섭할 테니, 그들에게 말하고 싶지 않다고 하는 토니의 대사입니다. 달변가답게 발음이 유사한 두 단어 meddle(간섭하다)과 medley(여러 노래를 이어서 부르는 접속곡)를 한 문장에 넣어 재치 있는 표현을 만들었습니다. 이 문장에서 medley는 '같은 말을 계속 반복하는'이라고 해석하면 자연스럽습니다. '인간은 자연의 순리에 간섭하지 말아야 한다'는 잔소리에 토니는 염증을 느끼고 있군요.

📖 원서가 술술 읽히는 단어장

p104

☐ **defensive** 방어의, 수비의, 방어적인

☐ **underneath** ~의 아래에, ~의 밑에서

☐ **host** (행사, 파티를) 주최하다, 열다

☐ **underway** 진행 중인

☐ **switch** 전환하다, 바꾸다

☐ **mingle** (사람들과) 어울리다

p106

☐ **in full swing** 한창 진행 중인, 무르익은

☐ **government** 정부

☐ **decorated** 훈장을 받은

☐ **veteran** 참전 용사, (어떤 분야의) 전문가

☐ **dignitary** 고위 관리

☐ **ground zero** 시초, 시작 지점

☐ **invasion** (적군의) 침략, 침입, 침범

☐ **anecdote** 일화

☐ **general** 장군, 일반적인

☐ **palace** 대저택, 궁전

☐ **expectantly** 기대하여

☐ **reaction** 반응

☐ **impress** 감동을 주다, 이해시키다

p108

☐ **convince** 납득시키다, 설득하다

☐ **counterpart** 상대방, (한 쌍의) 한 쪽

☐ **foremost** 가장 유명한, 주요한, 첫 번째의

☐ **astronomer** 천문학자

- □ brag 자랑하다
- □ challenge 도전
- □ conglomerate 대기업, 복합적인, 기업체의
- □ sigh 한숨을 쉬다
- □ fall into ~에 빠지다
- □ excuse oneself 도중에 자리를 뜨다, 변명하다, 사과하다

p110

- □ stool (등받이와 팔걸이가 없는) 의자
- □ wind up (어떤 장소, 상황에) 처하게 되다
- □ fella 남자, 남자 친구
- □ grin (소리 없이) 활짝 웃다
- □ flirty 들뜬, 교태를 부리는
- □ lousy 형편없는
- □ taste 맛, 미각, 기호, 취향, 판단력, 심미안
- □ cock one's head 고개를 옆으로 기울이다
- □ temper 화, (걸핏하면 화를 내는) 성미, 성질
- □ fluff 솜털
- □ avoid 피하다, 방지하다
- □ dork 바보, 얼간이

p112

- □ admit 인정하다
- □ back away ~을 피하다, 뒷걸음질치다
- □ glance 흘긋 보다, 잠깐 보다
- □ indicate 가리키다, 나타내다
- □ halfway 중간(가운데쯤)에
- □ obvious (누가 생각해도) 확실한, 분명한
- □ embarrassed 당황스러운, 당혹한, 쑥스러운

p114

- □ flirt 추파를 던지다

27

- authority 권한
- deserve 누릴 자격이 있다, ～을 받을 만하다, ～할 가치가 있다
- consider 곰곰이 생각하다, 숙고하다
- lounge 느긋하게 앉아있다, 휴게실
- trick 속임수
- worthy 자격이 있는
- misquote 잘못 인용하다
- phrase 구절, 문구, 관용구
- psych 정신적으로 혼란스럽게 하다

p116

- budge 약간 움직이다, 의견을 바꾸다
- lift up 들어 올리다
- frustration 좌절감, 불만
- announce 알리다, 발표하다
- theory 이론
- rig 조작하다, 장치하다
- biometric security 생체 보안 기술
- fingerprint 지문
- literal translation 직역

p118

- erupt 분출하다, 터뜨리다
- boo 야유 소리
- chuckle 빙그레 웃다
- die down 차츰 잦아들다, 약해지다
- high-pitched (음이) 아주 높은
- whir (새나 비행기 날개 따위가) 윙윙 도는 소리, 윙윙 돌다
- hollow (소리 따위가) 공허한, 낮게 울리는
- childish 어린애 같은, 유치한
- rendering (극·음악 따위의) 표현, 묘사, 연출, 연주
- metallic 금속성의

- figure 모습, 인물, 형태, 형상
- drip with ~이 주렁주렁 달려있다
- cobble together 대충 꿰맞추다
- bit 작은 조각, 조금, 약간
- give off (빛, 열을) 내다, 풍기다
- vibe 분위기, 느낌
- tense 긴장하다, 긴장한
- eyebrow 눈썹
- shut down (기계가) 멈추다, 정지하다
- terrible 끔찍한, 심한, 극심한

p120

- tangled in ~에 얽힌, 연루된
- stream 흐름, 연속, 개울
- be faced with ~에 직면하다
- assume 추정하다, (어떤 태도를) 취하다
- possession 소유물, 소지품
- visually 시각적으로
- exit 출구
- inevitability 필연성
- meddle 간섭하다, 참견하다
- shift 이동하다, 바꾸다, (장소를) 옮기다
- gaze 시선, 응시, 눈길, 바라보다
- significant 중요한, 의미 있는, 의미심장한

p122

- chrysalis 번데기, 준비 단계, 과도기
- attack 공격하다, 공격

❶ The celebration was in full swing by the time he came down. 그가 내려왔을 무렵에는 파티가 한창이었다.

▶ '풀 스윙'이라는 말을 들어보셨나요? 공을 아주 강하게 쳐서 멀리 보낼 때 사용하는 말인데요. 풀 스윙으로 저멀리 높게 날아간 공을 떠올려보세요. 무언가가 시작하거나 끝나는 느낌이 아니라 한창 진행 중인 느낌을 주죠? 이 문장에 쓰인 in full swing도 '한창 진행 중인' 또는 분위기가 '절정인', '무르익은'이라는 의미로 사용되었습니다.

❷ Government officials, ex-S.H.I.E.L.D. agents, celebrities, decorated war veterans, and even foreign dignitaries were partying in the skyscraper that had once been ground zero for an alien invasion. 정부 관료들, 전 쉴드 요원들, 유명인사들, 훈장을 받은 전쟁 참전 용사들 그리고 심지어 외국의 고위 인사들도 한때 외계인 침략의 시작점이었던 고층 건물에서 파티를 하고 있었다.

▶ Ground zero는 핵무기가 폭발한 지점이나 피폭 중심지를 뜻하는 군사 용어로 '시작 지점' 또는 '폭파 중심지'를 의미합니다. 그래서 9·11사태 때 파괴된 뉴욕의 세계 무역 센터가 있던 곳을 '그라운드 제로'라고 부르기도 하죠.

❸ He's got a temper, but deep down he's all fluff.
좀 욱하지만, 마음속 깊은 곳은 순하디순하거든.

▶ 브루스 배너와 나타샤가 대화를 나누는 장면입니다. He's all fluff.에서 fluff는 '보풀', '솜털'이라는 뜻인데요. 솜털의 보들보들한 감촉을 사람의 성격에 대입해보세요. 솜털처럼 순하고 여린 느낌이 드시나요? 나타샤가 브루스에게 호감을 표현하는 달달한 대사입니다.

❹ But never say never.... 하지만 절대라는 말은 절대 하는 게 아니지….

▶ Never say never.은 '절대 아니라고 단정 짓지 말라.', '불가능한 일은 없다.'라고 말할 때 쓸 수 있는 표현인데요. 지금까지는 상처를 준 적이 없지만, 헐크의 욱하는 성질이 언젠가는 나타샤에게도 상처를 줄 수 있다는 가능성을 암시하고 있습니다.

30

❺ Or, no, not the flesh … not yet. This is just a chrysalis.

아, 아니, 실체는 아니야… 아직은. 몰골이 형편없으니.

▶ 파티가 끝날 무렵, 어디선가 나타난 울트론이 어벤져스에게 건네는 말입니다. chrysalis의 사전적 의미는 '번데기' 인데요. 이 문장에서는 완전한 모습이 되기 전의 '과도기', '준비 단계'를 비유적으로 일컫고 있습니다. 완성형이 되기 전까진 모습이 주로 완벽하지 않죠? 울트론은 고철과 폐품으로 이루어진 자신의 모습이 지금은 형편없지만, 완전한 모습이 되기 전 단계일 뿐이라는 의미로 말한 것입니다.

📖 원서가 술술 읽히는 단어장

p126

☐ leap 뛰다, 뛰어오르다

p128

☐ compartment 칸, 객실

☐ bullet 총알

☐ practically 사실상, 거의, 현실적으로, 실제로

☐ dive 급히 움직이다, 뛰어들다

☐ protection 방어, 보호

☐ plow into ~와 부딪치다

☐ charge 공격하다, 급히 가다

☐ protectively 보호하기 위해

☐ lay down ~을 내려놓다

☐ sputter out (분노, 충격으로) 식식거리며 말하다

☐ flip 홱 뒤집다

☐ torso 몸통

☐ meanwhile 그동안에, 한편

☐ run up 뛰어오르다

☐ mezzanine 중이층(다른 층들보다 작게 두 층 사이에 지은 층)

☐ keep up ~을 계속하다

p130

☐ reach ~에 이르다, 도달하다

☐ jump off ~에서 뛰어내리다

☐ jam 쑤셔 넣다, 채워 넣다, (장소, 통로를) 막다, 메우다

☐ fall down 쓰러지다, 떨어지다

☐ incapacitated 무능력하게 된

☐ decapitate 목을 자르다, 참수하다

- ☐ defeat 패배시키다, 물리치다, 이기다
- ☐ halt 중단, 멈추다
- ☐ destruction 파괴, 파멸, 말살
- ☐ dramatic 극적인, 인상적인
- ☐ disconnect 연결을 끊다
- ☐ humanity 인류, 인간
- ☐ allow 허락하다, 용납하다
- ☐ evolve 진화하다
- ☐ scrap 조각, 파편
- ☐ puppet 꼭두각시
- ☐ stoop 몸을 굽히다
- ☐ limp 축 늘어진

p132

- ☐ imitate 모방하다, 흉내내다
- ☐ for a moment 잠시 동안
- ☐ extinction 멸종
- ☐ bash 후려치다, 세게 치다
- ☐ dim 흐릿한, 어둑한
- ☐ abandoned 버려진

p134

- ☐ whole 완전체, 전체, 모든, 전체의
- ☐ devastate 완전히 파괴하다, 엄청난 충격을 주다
- ☐ detect 발견하다, 알아내다, 감지하다
- ☐ chase 뒤쫓다, 추적하다
- ☐ breach (방어벽 등에) 구멍을 뚫다, 깨뜨리다
- ☐ surveillance 감시
- ☐ disturb 불안하게 만들다, 방해하다
- ☐ grimly 엄하게, 험악하게

p136

- ☐ **access** 접속하다, 접근하다
- ☐ **implication** 영향
- ☐ **nuke** 핵폭탄, 핵무기
- ☐ **correct** 정정하다, 바로잡다, 정확한
- ☐ **point out** 언급하다, 지적하다, 가리키다
- ☐ **swivel** 돌리다, 회전시키다
- ☐ **rip** 찢다, 떼어내다
- ☐ **flicker** 깜박거리다
- ☐ **constant** 변함없는, 끊임없는
- ☐ **companion** 동반자, 동지
- ☐ **fatality** (재난, 질병 등으로 인한) 사망자
- ☐ **grim** 엄숙한, 단호한, 암울한

p138

- ☐ **insane** 미친, 제정신이 아닌
- ☐ **tactically** 전략적으로, 선술상으로
- ☐ **assimilate** 흡수하다, 동화시키다
- ☐ **strategy** 전략, 계획
- ☐ **rage** 격렬한 분노
- ☐ **expert on** ~에 대한 전문가
- ☐ **rush into** ~로 돌진하다
- ☐ **describe** 말하다, 묘사하다
- ☐ **huff** (화가 나서) 씩씩거리다
- ☐ **step up** 앞으로 나오다
- ☐ **defuse** 진정시키다, 완화시키다
- ☐ **back down** (주장 등을) 굽히다

p140

- ☐ **trail** 흔적, 자취
- ☐ **joint chief** 합동 참모

34

- [ ] **technically** 엄밀히 말하면, 기술적으로
- [ ] **receptacle** 그릇, 용기
- [ ] **retrieve** 되찾아오다
- [ ] **present** 현재의, 존재하는

p142

- [ ] **blow up** 폭파하다
- [ ] **head-on** 정면으로 대응하는
- [ ] **grimace** 얼굴을 찡그리다
- [ ] **blurt out** 불쑥 말하다
- [ ] **invitation** 초대
- [ ] **distraction** 집중을 방해하는 것, 주의 산만
- [ ] **laugh** (소리 내어) 웃다
- [ ] **endear** 평가를 높게 하다, 사랑받게 하다
- [ ] **honestly** 솔직히
- [ ] **terrible** 끔찍한, 소름끼치는, 심한
- [ ] **aggression** 공격성
- [ ] **play out** ~을 유발하다
- [ ] **involve** 관련시키다, 포함하다

p144

- [ ] **cut off** (말을) 중단시키다, 방해하다
- [ ] **roll over** (쉽게 패배해서) 나가떨어지다
- [ ] **snarl** 으르렁거리다
- [ ] **murder** 살인, 살해하다
- [ ] **be supposed to** ~해야 한다, ~하기로 되어 있다
- [ ] **flush** (얼굴이) 붉어지다
- [ ] **come up** 언급되다, 논의되다, 발생하다, 다가오다
- [ ] **dryly** 무미건조하게
- [ ] **hostile** 적대적인, 적군의, ~에 반대하는
- [ ] **endgame** 최종 단계

- ☐ **beat** 이기다, 패배시키다, 두드리다, 치다
- ☐ **respond** 대답하다, 반응을 보이다
- ☐ **firmly** 단호하게
- ☐ **unfazed** 당황하지 않는
- ☐ **unconvinced** 납득하지 못하는, 설득당하지 않은

이 문장도 짚고 가기!

❶ Yeah, but the genie's out of the bottle.

맞아, 하지만 되돌릴 수 없는 상황이 됐어.

▶ 인공지능 자비스가 파괴되고, 로키의 창을 빼앗긴 상황이 되자 위도우가 어벤져스에게 말하는 장면입니다. 지니가 병 밖으로 나왔다는 말은 〈알라딘〉을 연상하시면 되는데요. 요정 지니가 램프 밖으로 나왔으니 '이미 늦었다', '되돌아갈 수 없는 상황이 되었다'는 뜻이 되겠네요. 비슷한 우리말 표현으로는 '이미 엎질러진 물이다.'가 있습니다.

❷ You just roll over and show your belly every time somebody snarls at what we were doing?

자넨 누가 우리가 하는 일에 매번 으르렁대면 그냥 나가떨어져서 항복할 거야?

▶ 화난 어벤져스 멤버들의 눈치를 보는 브루스에게 토니가 하는 말입니다. roll over and show your belly를 '항복하다'로 해석했는데요. 강아지가 구르며 배꼽을 보이는 모습을 떠올려보세요. 동물들이 배를 보이면 상대에게 '항복한다'는 뜻이라고 하죠? 흔히 쓰이는 표현은 아니지만, 상황과 문맥에 비추어 유추할 수 있는 부분입니다.

📖 본책 p150

📖 원서가 술술 읽히는 단어장 p150

- [ ] **find out** 찾아내다, 발견하다
- [ ] **modern-day** 현대의

p152

- [ ] **hand out** 나누어 주다
- [ ] **supply** 물자, 보급품
- [ ] **run up to** ~에 뛰어가다
- [ ] **a place of worship** 예배당, 교회당
- [ ] **make out** ~을 알아보다, 이해하다, 파악하다
- [ ] **shadowy** (어둑해서) 잘 보이지 않는
- [ ] **seemingly** 겉보기에는
- [ ] **peer into** 자세히 들여다보다
- [ ] **cautiously** 조심스럽게
- [ ] **interrupt** 중단시키다, 가로막다
- [ ] **wonder** 궁금해하다

p154

- [ ] **gasp** 숨이 턱 막히다
- [ ] **giant** 거대한
- [ ] **demon** 악마
- [ ] **spark** 발화 장치, 불꽃, 촉발시키다, 유발하다
- [ ] **breed** ~을 야기하다
- [ ] **horror** 공포
- [ ] **spread** 벌리다, 펴다
- [ ] **dread** 두려워하다, 무서워하다
- [ ] **invader** 침략군

p156

- ☐ **supplant** (낡거나 구식이 된 것을) 대체하다
- ☐ **height** (사물의) 높이, (사람의) 키
- ☐ **side-bar** 부차적인, 보조적인
- ☐ **astonish** 깜짝 놀라게 하다
- ☐ **refine** 개량하다, 개선하다
- ☐ **various** 여러 가지의, 다양한
- ☐ **multitask** 동시에 여러 가지 일을 하다
- ☐ **indicate** 가리키다, 나타내다, 보여 주다
- ☐ **primary** 주된, 주요한, 기본적인
- ☐ **impatiently** 성급하게, 초조하게

p158

- ☐ **alarmed** 불안해하는, 두려워하는
- ☐ **conflict** 갈등, 충돌, 전투, 논쟁
- ☐ **combat** 전투, 싸움
- ☐ **cross** 건너다, 가로지르다, 엇갈리다
- ☐ **border** 국경, 경계
- ☐ **care** 상관하다, 관심을 가지다
- ☐ **skeptically** 회의적으로
- ☐ **plot** 은밀한 계획, 음모, 계략, ~을 계획하다, 꾀하다
- ☐ **disease** 질병
- ☐ **purity** 순수함
- ☐ **respect** 존중하다

p160

- ☐ **record** 기록, 기록하다, 녹음하다
- ☐ **warning** 경고하는
- ☐ **personal** 개인의, 개인적인
- ☐ **encourage** 격려하다, 용기를 북돋우다
- ☐ **narrate** 이야기하다
- ☐ **shell** 포탄

- □ hold 들고 있다, 잡다
- □ come apart 부서지다
- □ go off 폭발하다, 발사되다, (경보기 등이) 울리다
- □ space (비어 있는) 공간, 우주
- □ rubble 잔해, 파편, 조각

p162

- □ trap 끼이다, 가두다
- □ shift (위치, 방향의) 변화
- □ brick 벽돌
- □ set something off (폭탄 등을) 터뜨리다, (사건을) 일으키다
- □ appreciate 인정하다, 고마워하다, 인식하다
- □ survive 생존하다
- □ furiously 맹렬히
- □ security 보안, 경비, 안보, 방위
- □ breach 위반, 침해, (방어벽 등에 생긴) 틈, 구멍
- □ launch 발사, 개시, 시작하다, 발사하다
- □ break-in 침입
- □ installation 시설, 설치
- □ nuclear power plant 원자력 발전소
- □ mine 광산
- □ casualty 사상자

p164

- □ daze 멍한 상태, 멍하게 하다
- □ description 서술, 묘사, 표현
- □ effect 영향, 결과, 효과
- □ access 입장, 접근, 접근하다, (컴퓨터에) 접속하다
- □ deny 거부하다, 부정하다
- □ deploy 배치하다
- □ blame ~을 탓하다, 비난하다
- □ gaze 바라보다, 응시하다

- encryption 암호화
- defeat 물리치다, 이기다

p166

- menacing 위협적인
- villain 악당
- elusive 찾기 힘든, 규정하기 힘든, 달아나는
- chime in (대화에) 끼어들다
- upstairs 위층, 2층, 위층으로, 위층에서
- profiler 범죄 심리 분석관
- eerie 괴상한, 무시무시한, 기분 나쁜
- in the flesh 실물로
- let out 풀어주다, 해방시키다, (울음소리를) 내다
- sigh 한숨, 한숨을 쉬다
- hide 숨다, 감추다, 숨기다

p168

- stroll 거닐다
- fellow 동료, 친구
- hand 건네주다, 넘겨주다
- dialogue 대화
- specific 특정한, 구체적인
- miss 놓치다, 지나치다
- stream 데이터 전송을 연속해서 하다, 계속 흐르다
- unearth 찾다, 밝혀내다
- distance 거리

p170

- coast 해안
- black-market 암시장, 암거래하다
- arms 무기
- disapprove 못마땅해 하다, 비난하다

40

- ☐ **shrug** (관심 없다는 듯이) 어깨를 으쓱하다
- ☐ **turn back** 되돌아오다
- ☐ **pop up** 불쑥 나타나다
- ☐ **surveillance** 감시
- ☐ **appear** 나타나다
- ☐ **display** 디스플레이(컴퓨터 화면에 나타나는 정보), 전시
- ☐ **close-up** 근접 촬영한 사진 (접사)
- ☐ **symbol** 상징, 표상, 기호
- ☐ **hold up** (쓰러지지 않도록) ~을 떠받치다, (진행을) 방해하다
- ☐ **ding** 딩동하는 소리를 내다, (종처럼) 울리다
- ☐ **transfer** 옮기다, 이동하다
- ☐ **dialect** 방언, 사투리

p172

- ☐ **thief** 도둑
- ☐ **mean** 상스러운, 비열한, 의미하다
- ☐ **confusion** 혼란
- ☐ **trade** 무역, 거래, 무역하다, 주고받다
- ☐ **cross one's arms** 팔짱을 끼다
- ☐ **follow** 이해하다, 따라가다
- ☐ **concerned** 걱정하는, 염려하는

ᡰ᪲ 이 문장도 짚고 가기!

❶ Ultron nodded, understanding where Pietro was going with this. 울트론은 피에트로가 무슨 말을 하려는지 안다는 듯 고개를 끄덕였다.

▶ 큰 그림(big picture)을 봐야 한다는 울트론의 말에 피에트로가 자신은 작은 사진(a little picture)만 본다고 대답하자 울트론이 고개를 끄덕이는 장면입니다. 이 문장에 쓰인 where Pietro was going with this를 직역하면 '이것(이 얘기)과 함께 피에트로가 어디로 가는지'인데요. 피에트로가 물리적으로 어디를 가는 것이 아니라, '이야기를 어떤 방향으로 끌고 가는지'를 울트론이 이해했다는 의미입니다.

41

❷ He knew that he would need everything Tony had up his sleeve to defeat this new menacing villain, especially one so elusive. 그는 새로 나타난 위협적이고 유난히 찾기 힘든 이 적을 물리치기 위해 토니가 감추고 있는 모든 비장의 무기가 필요하다는 것을 알고 있었다.

▶ Tony had up his sleeve to를 직역하면 '토니가 소매에 갖고 있는' 인데요. 옷에 주머니가 없던 시절 소매에 물건을 숨기고 다니던 것에서 유래한 표현입니다. '비장의 무기'나 '숨기고 있는 것'을 말할 때 주로 사용하는데요. 이 문장에서는 토니가 감추고 있는 '무기'나 '수단'으로 해석하는 것이 적절해 보이네요.

❸ Watch your six. 몸조심해.

▶ Watch your six.는 '너의 여섯 시 방향을 보라.'는 의미인데요. 손목 시계를 본다고 생각해보세요. 12시 일 때는 시침이 나의 앞을 가리키고, 6시 때는 뒤를 가리키죠? 즉, Watch your six.는 '등 뒤를 조심하라.'는 의미입니다. 전쟁 영화나 게임에서도 종종 볼 수 있는 표현인데요. 이 장면에서는 로디가 어벤져스에게 몸조심하라는 의미로 사용되었습니다.

❹ But he made a pretty painting, so karmically he's clear. 그렇지만 예쁜 그림도 그려놨네. 업보는 없겠어.

▶ 울트론이 스트러커를 죽이고 옆에 메시지를 남겨 두었는데요. 그 사진을 보며 토니가 비꼬듯이 하는 말입니다. 죄를 지으면 벌을 받는 것이 업보(karma)인데요. 울트론이 '스트러커를 죽였지만 예쁜 그림을 남겼으니 이제 업보가 없겠네.'라고 빈정대는 것이죠.

❺ But he talked about finding something new, a game changer—it was all very Ahab. 하지만 그는 뭔가 새로운, 역사를 바꿀 물건을 찾는다고 말했지. 꼭 아합 선장처럼 말이야.

▶ 이 표현을 이해하기 위해서는 아합(Ahab)이라는 인물에 대해 알아야 하는데요. 아합은 허먼 멜빌의 소설 『모비딕』에 나오는 흰 고래를 추격하는 폭군 선장입니다. 역사를 바꿀 물건을 찾는다고 한 무기 밀거래상의 모습이 흰 고래를 광적으로 쫓는 아합과 비슷해 보였다는 뜻입니다.

📖 원서가 술술 읽히는 단어장

p176

- ☐ **coastline** 해안 지대
- ☐ **dot** 여기저기 흩어져 있다
- ☐ **rot** 썩다, 부패하다
- ☐ **vessel** 선박
- ☐ **overtake** 불시에 닥치다, 추월하다
- ☐ **pirate** 해적
- ☐ **cannibalize** (다른 기계, 차량에서) 부품을 떼어내다
- ☐ **strip** 뜯어내다, 벗기다
- ☐ **convert** 개조하다, 전환시키다

p178

- ☐ **warehouse** 창고
- ☐ **store** 저장하다, 보관하다
- ☐ **goods** 상품, 제품
- ☐ **acquire** 획득하다
- ☐ **vast** (범위, 크기, 양 등이) 어마어마한
- ☐ **hull** (배의) 선체
- ☐ **empire** 제국
- ☐ **short-range** (무기가) 단거리의
- ☐ **boatload** 한 배분의 화물, 배의 적재량
- ☐ **rust** 녹슬다, 부식하다
- ☐ **useless** 쓸모없는
- ☐ **slam** 세게 놓다, 쾅 닫다
- ☐ **henchman** 부하
- ☐ **take a sip** 한 모금 마시다
- ☐ **shut off** 차단하다, 끊다, 멈추다
- ☐ **occurrence** 발생, 존재, 사건

- [ ] generator 발전기

p180

- [ ] hallway 복도
- [ ] sense 감지하다, 느끼다
- [ ] find out 찾아내다, 발견하다
- [ ] instruct 지시하다, 가르치다, 알려 주다
- [ ] handgun 권총
- [ ] struggle 싸우다, 투쟁하다
- [ ] corridor 복도, 통로
- [ ] lackey 하인
- [ ] wander 정신이 다른 데로 팔리다, 헤매다
- [ ] mumble 중얼거리듯 말하다
- [ ] yank 홱 잡아당기다
- [ ] disassemble 분해하다, 해체하다
- [ ] neatly 깔끔하게
- [ ] bullet 총알
- [ ] miss a beat 순간적으로 주저하다

p182

- [ ] pupil 학생
- [ ] cuttlefish 갑오징어
- [ ] hypnotize 최면을 걸다
- [ ] prey 먹이, 사냥감, 희생자
- [ ] fiddle (세부 사항을) 조작하다, (초조해서) 만지작거리다
- [ ] in charge ~을 맡은, 담당인
- [ ] deal with ~와 거래하다, (문제, 과제 등을) 처리하다
- [ ] hover (허공을) 맴돌다

p184

- [ ] smash 박살내다
- [ ] barrel (목재, 금속으로 된 대형) 통
- [ ] marking 표시, 무늬

44

- [ ] toxic 유독성의, 치명적인, 중독성의
- [ ] splash 튀기다
- [ ] substance 물질
- [ ] actually 실제로
- [ ] label (물건의 성격 등을 적은) 표, 라벨, 상표
- [ ] ruse 계략, 책략
- [ ] rare 희귀한, 드문, 진기한
- [ ] property 특성, 속성, 재산
- [ ] personal 개인적인
- [ ] cost 값, 비용
- [ ] precious 값비싼, 귀중한

p186

- [ ] briefly 간단히
- [ ] transfer 옮기다, 넘겨주다
- [ ] dummy 가짜의, 모조품
- [ ] holdings (주식, 채권 등의) 재산
- [ ] finance 금융, 재정
- [ ] weird 이상한, 기이한, 기괴한
- [ ] enemy 적, 적군, 장애물
- [ ] instantly 즉시
- [ ] on edge 흥분하여, 과민하여
- [ ] expression 표정
- [ ] darken 어두워지다
- [ ] hollow 공허한, 움푹 꺼진, (속이) 빈, 텅 빈
- [ ] sputter (분노, 충격으로) 식식거리며 말하다

p188

- [ ] hard 단단한, 굳은, 어려운, 힘든, 열심히 하는, 세게, 강력하게
- [ ] dealer 중개인
- [ ] embarrassed 당황스러운
- [ ] stumble 비틀거리다, 발을 헛디디다

45

- □ emotional 감정의, 감정적인
- □ outburst (감정의) 분출, 폭발
- □ mechanical 기계로 작동되는
- □ address 연설하다, 말을 하다
- □ justify 정당화시키다
- □ behavior 행동
- □ compare 비교하다
- □ sickness 메스꺼움, 질병
- □ sarcastic 빈정대는, 비꼬는
- □ stride 성큼성큼 걷다

p190

- □ sneer 비웃다
- □ beat 이기다, 패배시키다, 두드리다, 치다
- □ remind 상기시키다
- □ walk away (힘든 상황을 외면하고) 떠나 버리다
- □ suffer 고통받다
- □ chuckle 빙그레 웃다
- □ righteous (도덕적으로) 옳은
- □ physically 육체적으로, 신체적으로
- □ throw up 토하다
- □ frown 얼굴을 찌푸리다

p192

- □ nearby 가까운 곳에, 인근에
- □ archer 궁수
- □ trade (선수를) 교체하다, 교환하다, 거래하다
- □ rafter 서까래
- □ aim 겨냥하다, 겨누다, ~을 목표로 하다
- □ beg 애원하다, 간청하다
- □ tense 팽팽하게 하다, 긴장시키다
- □ bow 활

46

□ **main** 중요한, 주된

□ **fit into** ~에 꼭 들어맞다, 적절하다

□ **adopt** 입양하다, (특정한 방식을) 쓰다, 취하다

□ **condescending** 거들먹거리는, 잘난 체하는

□ **preschool** 유치원

□ **step by step** 차근차근

p194

□ **descend** 내려오다, 내려가다

이 문장도 짚고 가기!

❶ It's just … I don't like being compared to Stark. It's a thing with me. 그저… 난 스타크와 비교되는 게 싫어. 그건 날 화나게 하거든.

▶ 율리시스 클로가 토니 스타크에 대해 얘기를 하자, 화가 난 울트론이 클로에게 말하는 장면입니다. 여기서 a thing은 울트론에게 있어 '중요한 것' 혹은 울트론을 '화나게 하는 것'으로 해석할 수 있는데요, 바로 스타크와 비교되는 것이죠.

❷ You've clearly never made an omelet.

넌 오믈렛을 만들어 본 적이 없나 보군.

▶ "아무것도 망가뜨릴 필요 없다."는 토르의 말에 대한 울트론의 대답입니다. You can't make an omelet without breaking a few eggs.(달걀을 깨지 않고는 오믈렛을 만들 수 없다.)라는 영어 속담에서 온 말인데요. '희생이나 손해 없이는 원하는 것을 가질 수 없다.'는 의미를 내포하고 있습니다. 오믈렛에 사용할 노른자를 얻기 위해선 달걀을 깨야 하죠? 즉, 울트론은 자신의 원대한 목표를 달성하기 위해 희생과 피해가 수반되는 것은 숙명적이라는 말을 한 것입니다.

📖 원서가 술술 읽히는 단어장

p198

- ☐ sentry 보초병
- ☐ individually 개별적으로
- ☐ straight 똑바로
- ☐ shook off (뒤따르는) ~을 따돌리다
- ☐ jet 급속히 움직이다, 분출하다
- ☐ oncoming 다가오는

p200

- ☐ leverage 지레의 힘, (목적 달성을 위한) 수단, 힘, 영향력
- ☐ blow 타격, 강타, 싸움, (폭탄으로) 날려 버리다, 폭파하다
- ☐ overlook 바라보다, 내려다보다
- ☐ sidestep 피하다
- ☐ dodge (몸을) 재빨리 움직이다, 피하다
- ☐ duck (머리나 몸을) 휙 수그리다
- ☐ be about to 막 ~하려는 참이다
- ☐ deliver 배달하다, (타격 등을) 가하다
- ☐ absorb 흡수하다, 빨아들이다
- ☐ opportunity 기회
- ☐ ram into ~에 들이박다

p202

- ☐ shoulder 어깨
- ☐ cargo 화물
- ☐ tear up 갈기갈기 찢다
- ☐ headquarters 본부
- ☐ middle 가운데
- ☐ turf 자기 지역, 근거지

- goon 깡패, 폭력배, 불량배
- engulf 완전히 에워싸다, (강한 감정 등이) 사로잡다
- shout 소리치다
- motion 몸짓으로 지시하다
- mercenary 용병
- crack 부수다, 깨뜨리다
- line 줄을 세우다, 선, 줄
- refuge 피신, 도피
- adjacent 가까운, 인접한
- corridor 통로, 복도

p204

- grapple 붙잡고 싸우다
- midair 공중, 상공
- evade 피하다, 모면하다, 회피하다
- strain 안간힘을 쓰다
- point of view 관점, 견해
- floating 떠다니는, 유동적인
- gently 부드럽게, 약하게, 천천히
- admire 존경하다, 동경하다, 감탄하며 바라보다
- intend 의도하다, 작정하다

p206

- bay 구역
- impact 충격
- groan (고통으로) 신음하다
- battlefield 싸움터, 전장
- faction 파벌 싸움
- shield 방패
- jump on ~에 달려들다
- plant 놓다, 두다, (타격을) 가하다
- swing 휘두르다

- ☐ **eliminate** 제거하다, 없애다, 삭제하다
- ☐ **hurl** (거칠게) 던지다, 덤벼들다, 비난을 퍼붓다
- ☐ **plow through** ～을 애써서 가다

p208

- ☐ **ricochet** ～에 맞고 튀어나오다
- ☐ **opposite** 반대의, 반대편의, 상반하는
- ☐ **unharmed** 다치지 않은, 무사한
- ☐ **potential** 잠재력, 잠재적인
- ☐ **draw into** ～에 끌어들이다
- ☐ **scheme** 음모, 책략, 계략, 계획
- ☐ **recover** 회복하다, 되찾다
- ☐ **park** 주차하다, 공원
- ☐ **beach** 해변, 바닷가, (배를) 뭍으로 끌어올리다
- ☐ **pace** 서성거리다, 천천히 걷다
- ☐ **back and forth** 앞뒤로의, 여기저기의, 오락가락하는
- ☐ **cast a glance** ～을 힐끗 보다
- ☐ **direction** 방향

p210

- ☐ **gunfire** 총소리
- ☐ **reverberate** (소리가) 울리다
- ☐ **enter** 들어가다
- ☐ **inner** 내부의
- ☐ **status** 상황, 상태, 지위, 신분
- ☐ **warp** 뒤틀리게 만들다, 뒤틀다, 구부리다
- ☐ **keep somebody at bay** (적 등의) 접근을 막다, ～을 저지하다
- ☐ **slur** 불분명하게 발음하다
- ☐ **fortunately** 다행스럽게도, 운 좋게도
- ☐ **communication** 통신, 연락
- ☐ **trail off** 차츰 잦아들다, 서서히 사라지다
- ☐ **spell** 주문, 마법

50

- □ **superspeed** 초고속의, 초음속의
- □ **forward** 앞으로
- □ **bend down** 허리를 숙이다
- □ **lock in** 가두다, 감금하다
- □ **manage to** 간신히 ~하다
- □ **whisk** 재빨리 데려가다
- □ **range** 거리, 범위, 사정거리
- □ **trance** 최면 상태, 비몽사몽

- □ **automatic** 자동의
- □ **quiver** 화살 통
- □ **specific** 특정한, 독특한
- □ **approach** 다가오다
- □ **electrify** 전기를 통하게 하다
- □ **arrowhead** 화살촉
- □ **shove** (거칠게) 밀치다
- □ **race** 질주하다, 경주하다, 달리기, 인종
- □ **above all** 무엇보다도, 특히
- □ **rip into somebody** ~을 맹공격하다, 맹비난하다
- □ **noisy** 시끄러운
- □ **brutal** 잔혹한, 인정사정없는
- □ **get the upper hand** 우위를 점하다, 우세하다
- □ **somehow** 어떻게든, 어쩐지, 왠지
- □ **evenly** 대등하게, 고르게
- □ **stalemate** 교착 상태
- □ **advantage** 이점, 장점, 유리한 점, 이익

- □ **lab (laboratory)** 실험실

51

- ☐ gravity 중력
- ☐ device 장치, 기구, 설비
- ☐ generate 발생시키다, 일으키다, 초래하다
- ☐ on the other hand 반면에
- ☐ centerpiece 가장 중요한 작품
- ☐ unfold 펴다, 펼치다, 밝혀지다
- ☐ wrist 손목
- ☐ charge up 충전하다
- ☐ equipment 장비, 용품
- ☐ chunk 상당히 많은 양, 덩어리
- ☐ gear 장치, 도구, 장비
- ☐ unsure 불확실한, 불안정한
- ☐ desperately 필사적으로, 몹시
- ☐ crave 갈망하다, ~을 간절히 청하다
- ☐ approval 인정, 승인
- ☐ sarcastically 비꼬는 투로
- ☐ crash into ~와 충돌하다

p218

- ☐ roof 지붕
- ☐ wrecked ship 난파선
- ☐ come back 돌아오다
- ☐ hurt 아프다
- ☐ moan 신음하다, 불평하다
- ☐ lie 누워 있다, 눕다, 놓여 있다, 거짓말하다
- ☐ stumble 비틀거리다
- ☐ bump into (우연히) ~와 마주치다, 충돌하다
- ☐ haphazardly 우연히, 무턱대고

p220

- ☐ break into a run 갑자기 뛰어가다
- ☐ intentionally 고의로, 의도적으로

52

- ☐ **knock down** ~을 때려눕히다, ~을 치다
- ☐ **lucid** 맑은, 투명한, 명쾌한, 의식이 또렷한
- ☐ **way** 방법, 방식, 길, 진로
- ☐ **edge** 끝, 가장자리, 모서리
- ☐ **sleepwalker** 몽유병자
- ☐ **trip** 발을 헛디디다, 걸려 넘어지다
- ☐ **railing** 난간, 울타리
- ☐ **below** 아래에, ~이하의
- ☐ **crash** 충돌하다, 추락하다, 부딪치다
- ☐ **junky** 쓰레기 같은
- ☐ **spare** 남는, 여분의, 예비의
- ☐ **continue** 계속하다, 지속하다, 이어지다
- ☐ **lightning** 번개, 번갯불
- ☐ **just then** 바로 그때

p222

- ☐ **call for** ~을 큰 소리로 부르다
- ☐ **realize** 깨닫다, 알아차리다, 인식하다
- ☐ **scientist** 과학자
- ☐ **populate** 살다, 거주하다
- ☐ **devastation** 대대적인 파괴
- ☐ **respond** 대답하다, 응답하다
- ☐ **be able to** ~할 수 있다

❶ As soon as his hand touched the weapon's handle, Pietro was yanked out of his super-speed mode!

손이 망치의 손잡이에 닿자마자 피에트로는 초고속 상태에서 빠져나왔다!

▶ 피에트로는 초고속으로 달릴 수 있는 능력을 가지고 있는데요. 빠르게 달리던 피에트로가 날아가고 있는 토르의 망치를 손으로 잡자 순식간에 망치에 끌려가게 됩니다. yanked out of는 '~에서 끌어 내다.'라는 의미를 가지고 있는데요. pull out과 비슷한 뜻이지만 훨씬 더 빠르게 끌어내는 것을 의미 합니다. 초능력을 가진 피에트로조차 토르의 망치에는 범접할 수 없다는 것을 보여주는 장면입니다.

❷ Is it 'uncle,' but you say it three times?

'항복'이라는 말? 그걸 세 번 하려는 거야?

▶ 어벤져스와의 싸움을 단 세 단어로 끝낼 수 있다는 울트론의 말에 아이언맨이 대답하는 장면입니다. 갑자기 '삼촌'이라는 말이 나와서 어리둥절하셨죠? 미국에서 Say uncle!이라고 하면 '졌다고 말해!' 라는 뜻입니다. 레슬링 같은 장난을 하다가 'Uncle!'이라고 외치면 '내가 졌어!', '항복!'이라는 의미가 되죠.

📖 원서가 술술 읽히는 단어장

p228

- ☐ rage 격렬한 분노, 몹시 화를 내다
- ☐ community 주민, 지역 사회, 공동체
- ☐ by the time 그때까지, ~할 때까지
- ☐ rein 통제하다, 억제하다
- ☐ enormous 거대한, 막대한
- ☐ take measure 조치를 취하다, 대책을 강구하다
- ☐ extraordinary 비범한, 놀라운, 보기 드문
- ☐ victory 승리

p230

- ☐ escape 탈출하다, 달아나다
- ☐ innocent 무고한, 아무 죄 없는
- ☐ torment 고통을 안기다
- ☐ firsthand 직접
- ☐ devastating 대단히 파괴적인
- ☐ sideline 열외로 취급하다, 중심에서 떼어내다
- ☐ threat 위협, 협박, 강적
- ☐ trifle with ~을 가지고 놀다
- ☐ complete 완벽한, 완전한
- ☐ triumph 승리
- ☐ loss 패배, 손실
- ☐ perfectly 완벽하게
- ☐ healthy 건강한
- ☐ manipulate 조종하다, 조작하다
- ☐ prove with ~로 증명하다
- ☐ discharge 방출, 배출, 발사
- ☐ track down ~을 찾아내다

- □ **by surprise** 기습적으로, 불시에
- □ **be after** ~을 찾다
- □ **be willing to** 기꺼이 ~하다

- □ **element** 요소, 성분
- □ **figure out** ~을 알아내다, 이해하다
- □ **after all** 결국에는, 어쨌든
- □ **commander** 지휘관, 사령관
- □ **quote** 인용하다
- □ **philosopher** 철학자
- □ **weakness** 약점, 결점
- □ **completely** 완전히, 전적으로
- □ **mighty** 강력한, 힘센
- □ **honor** 영광, 명예
- □ **fearless** 두려움을 모르는, 용감한
- □ **protector** 수호자, 보호자
- □ **determine** 결정하다, 알아내다
- □ **accept** 받아들이다, 받다, 인정하다

📖 이 문장도 짚고 가기!

❶ What doesn't kill us makes us stronger.

우리를 죽일 수 없는 것은 우리를 더 강하게 만든다.

▶ 이 표현은 유명한 철학자 니체의 말, That which does not kill us makes us stronger.(우리를 죽일 수 없는 것이 우리를 더욱 강하게 만든다.)에서 나온 표현입니다. 풀어서 설명하면, '우리를 죽이지 못하는 시련은 극복될 것이고, 결국은 우리를 강하게 만들 것'이라는 뜻입니다. 이 표현은 아주 유명해서 많은 곳에서 찾아볼 수 있는데요. 영화 〈다크 나이트〉에서 조커의 대사로도 사용되었고, 미국의 유명한 가수 켈리 클락슨도 〈What doesn't kill you〉라는 곡을 발표했습니다.

56

30장면으로 끝내는
스크린 영어회화 - 알라딘

구성
· 전체 대본
· 훈련용 워크북
· mp3 CD

라이언 강 해설 | 362면 | 18,000원

국내 유일! 〈알라딘〉 전체 대본 수록!

아그라바 왕국에서 펼쳐지는 마법 같은 모험!
〈알라딘〉의 30장면만 익히면 영어 왕초보도 영화 주인공처럼 말할 수 있다!

| 난이도 | 첫걸음 | 초급 중급 | 고급 | | 기간 | 30일 |
| 대상 | 영화 대본으로 재미있게 영어를 배우고 싶은 독자 | | | | 목표 | 30일 안에 영화 주인공처럼 말하기 |